JN099560

儲けと品性

京都プラザホテルズ会長
清水 幸雄

FUSOSHA

contents 目次

第2章 苦労がない道はつまらない 081

第3章 品性が高い会社が生き残る　133

はじめに

　父が営むメッキ工場は、京都駅の八条口から徒歩で10分とかからない場所にありました。二代目社長の私が42歳だった１９９４（平成６）年、そのメッキ工場を畳んで、ビジネスホテルを建てたいと言ったとき、周りにいたほぼすべての人から猛反対されました。


「メッキ工場の仕事しか知らない人間が、ホテル経営なんて無理だ」

「世界的な観光地である京都で、なぜビジネスホテルなんだ」

「40も過ぎて、夢を追いかけるのは大人げない」

「メッキ工場をやっていれば食っていける。無謀な冒険はしなくていい」

「観光地からも繁華街からも外れた駅の南のホテルに、誰が泊まるんだ」

「うちみたいな祇園の旅館でもしんどいのに」

「失敗して嫁さんや子どもを路頭に迷わすことになったらどうする」

ごもっともな意見ばかりで、私は言い返すこともできませんでした。

反対の大合唱に囲まれる中、ひとりだけ背中を押してくれた人がいました。それが母です。母は、父や私が工場経営で苦労しているのを見てきたから、こう言ってくれました。

「あんたがそれだけ思ってるのやったら、やったらええやん」

このひと言で、私は自分の夢を追いかける冒険に出ることを決意したのです。

メッキ工場を続けていくのも、ひとつの人生だったでしょう。しかしあの決断によって自分がしてみたかった仕事に就くことができ、精神的にも経済的にも豊かな人生を歩むことができたと今は思っています。

1996（平成8）年、父の祥月命日《しょうつきめいにち》である4月15日に、そのメッキ工場があった場所に「京都プラザホテル」をオープンさせました。私が45歳のときです。そこからコツコツと一生懸命に働いて、今では10施設のホテルと旅館を運営するグループに成長させることができました。

2022年、実質的な経営は2人の息子に任せ、私は会長となりました。その後は、月に1回、各ホテルの支配人会議に参加するぐらいで、私はなるべく口を挟まないようにしています。とはいえ、新規事業の開発などには積極的にかかわっています。私のモットーは「臨終定年」、死ぬまで仕事をしたい性分なのです。

社長という立場を離れて、ようやくこれまでの人生をかえりみる余裕ができました。あれこれとふりかえるにつけ、ひとつだけ確かなことがあります。それは、ここまで会社を成長させることができたのは、決して私に何か秀でた力があったからではないということです。

経営の神様と呼ばれた松下電器産業（現パナソニック）の創業者、松下幸之助さんが生前に次のような有名な逸話を残しています。

ある新聞記者から「経営の神髄とは何ですか」と質問をされたとき、「天地自然の理に従った経営」と答えたというのです。

天地自然の理とは、人智を超えた「神様」のようなものでしょう。ですから、私は松下幸之助さんの言葉を「神様を味方につける経営」と受け取りました。

同様のことは、京セラ創業者の稲盛和夫さんもよく言っています。私は今、ほんの少しその意味がわかるような気がしています。

「三方よし」は自然の摂理にかなう哲学

会社経営は困難の連続です。しかもどれひとつとして経営の教科書には載っていない難題ばかりです。一生懸命に調べて、結果を予測して、何日も考え抜いて、ようやくひとつの選択肢を選んでも、思惑どおりに物事が進むことはまずありません。事態は思わぬ方向に必ず展開し、うまくいくこともあれば失敗することもある。経営とはその連続です。

失敗したことはちゃんと理由がわかります。しかし、うまくいったときのことをふりかえるたびに、「ああ、あのときは運がよかったなあ」と胸をなでおろすのです。「あのとき、あの人に出会えたから」とか「たまたま口をきいてくれる人がいたから」など、成功には「たまたま」や「偶然」がつきものです。だからこそ「神様」とも言いたくなるような、目に見えない力に助けられたと思うのです。

見えない力とは、いわば「自然の摂理」です。たとえば太陽は、どんな生き物にも光を注いでいます。自分の気に入った花だけに特別多く光を降り注ごうといった依怙贔屓《えこひいき》はしません。あまねく命に同じだけのエネルギーを与え続けています。自然はあらゆる生き物を育てようという働きに満ち満ちています。そしてすべての命は、別の命と共存をはかります。太陽がすべての命に降り注ぐように、万物は互いに助け合うのが自然の法則なのです。それはつまり、自然の法則に従えば、あらゆるものは成長するのだと私は解釈しています。

「自然」と対極的な考え方とは、「自分だけよければいい」というものです。自然と利己主義はまったく相反するのです。

松下さんが言った「自然の理に従う経営」とはどういうものかと考えますと、大自然のようにあまねく周囲を育て、成長させる方向でものごとを考える、ということだったと私は理解しています。

日本には昔から「三方よし」という経営の教えがあります。三方よしとは、「自分よし、相手よし、第三者よし」。自社に利益をもたらす活動であることは大前提として、それが周囲にとっても利益になり、さらに地域や社会にも利益をもたらすものでなければならない。この三つの視点で経営をしなさいという教えです。この「三方よし」こそ、自然の理法に従う経営だと私は考えています。

道徳心のない会社は、いずれ滅びる

人は常に自分の利益を優先します。しかし長い目で見れば、自分のことしか考えない会社は、やがて社会からはじかれてしまうのです。これが自然の摂理です。

三方の利益を考えて活動している会社は、長くお客様に支えられ、地域社会に支えられます。いざというときには、まるで天からの恵みのような救いの手が差しのべられるのです。そしてその根っこにあるのが「道徳」なのです。道徳とは、その国の長い歴史の中で先人たちが築いてきた「幸せ」になるための教えです。今さら道徳などと言うと、若い世代の人たちには反発されるかもしれません。私も36歳で父の会社を継ぐまでは、同じようなものでした。しかしそれからの私は、道徳の教えに導かれてここまでやってきました。

詳しいことは第1章で触れますが、私は36歳のときに創業者の父が亡くなったことで、メッキ工場の二代目社長になりました。そのときには14年もの間、父の横で仕事をしてきましたから、たいていのことはできると思い込んでいました。ところがいざ代表者になってみると、まったく見える景色が違っていました。私が社長になった瞬間から次々にトラブルが起きました。私はそれらに対処する術がなく、途方に暮れてしまいました。そのときに私を導いてくれたのが、「道徳」の教えだったのです。公益財団法人モラロジー道徳教育財団を通じて、日本の道徳を本格的に学びはじめたのです。といっても聞きなじみがないという人が多いかもしれません。

今、日本の小中学校では、それまで教科外活動として行われてきた道徳の授業が「特別の教科」として再スタートしていることをごぞんじでしょうか。小学校では２０１８年度、中学校では２０１９年度から、文部科学省認定の教科書が用意され、通知表にも成績評価が加わる、正式科目になりました。

このとき、文部科学省から要請を受けて、道徳の授業を受け持つ学校の教諭の方々に道徳教育を指導したのが、このモラロジー道徳教育財団の研修部門でした。モラロジーを提唱したのは廣池《ひろいけ》千《ち》九郎《くろう》（１８６６〜１９３８）という、江戸末期から昭和にかけ、法学・歴史学・教育学などを極めた法学博士です。その代表的な功績が日本独自の道徳を体系化したモラロジー（道徳科学）の確立でした。モラロジー道徳教育財団は、その体系を理論化した唯一の団体です。

私のような特に突出した力もない人間が、40歳を過ぎてまったく未経験のビジネスホテルで会社を成長させることができた要因も、このモラロジーで学んだ経営にあります。

といっても私は36歳で会社を継ぐまで、道徳など関係ない人間でした。しかし父から経営を引き継いで、数々の困難なできごとにぶつかったことがきっかけで、真剣に学ぶようになりました。それから30年がたった今もまだ探求道半ばですが、いつのときもその教えが進むべき方向を示してくれたおかげで、ここまでやってこれたと確信しています。

今でこそ「道徳」というと、少し日常から切り離された「やっかいなしきたり」のように思われるかもしれませんが、戦前までは国民にとって、誰もが守るべき暗黙のルールとして浸透していたものです。

しかし戦後を迎えて、日本の道徳教育はことごとく否定され、代わりに個人を重んじる教育内容に変えられました。もちろん個を重んじることは、大切なことです。しかし日本の教えは、「個とは周囲を生かしてこそ生かされる」という、もっと深い真理を説いています。それがまさしく自然の摂理だからです。私は、日本人に行きすぎた個人主義が浸透し、自然の摂理を忘れていることに危機感を覚えています。自然の摂理にそむいた個人主義では、会社は成長しません。もちろん私など何ほどのものではないことは、自分が一番わかっていますが、少なくとも若い人たちが仕事をしていくうえでの指針を見失っているようなこの時代に、道徳は進むべき道を照らしてくれることを自らの経験から確信しています。

儲けと品性は車の両輪

廣池博士はまた「品性資本」という言葉も提唱しています。企業にとって、働く人たちの品性は資本であり、お金の資本と同じぐらいに大切だというのです。「儲けと品性」は対立するものではなく、車の両輪です。

では品性とは何でしょうか？　わかりやすく言えば、品性が低い人とは、自分さえよければいいと考える利己的な人です。はやりの「〇〇ファースト」という言葉は利己主義を象徴していると思います。たとえば下請け会社への〝買いたたき〟などは、もってのほかです。反対に品性が高い人とは、先ほど述べた「三方よし」のように、みんなの幸せを考えて行動できる人です。

とはいえ、忙しい日々の中で「品性を磨け」と言われても難しいですよね。そんなとき、ふと立ち止まって考えてほしいことがあります。それは、「誰のために働くのか」ということです。

私たちはいったい誰のために働いているのでしょうか。働く理由は報酬を得るためだとしても、あなたが与えられた仕事は誰のためのものなのでしょうか。

それがわかったとき、仕事とは単に年収やブランドで価値が決まるものではないことがわかってくることでしょう。

本書は45歳で暴挙とも思える事業転換をした人間が、いかに自分の夢を果たしてきたかを体験に基づいてお伝えするものです。本書を読んでいただければ、いくつになっても夢を果たすことができると知ってもらえることでしょう。夢を追うことはひとりの人生にとって大事なことです。その夢を果たすうえで欠かせないのが「道徳」と「品性」であり「三方よし」の経営哲学なのだということを、多くの人に知っていただきたい。

ちまたには楽をして成功する方法やすぐに稼げる情報があふれています。確かに今の時代は、お金を稼ぐ方法はたくさんあるでしょう。しかし稼げる状態が長続きするかどうかは、その人の考え方や人生哲学にかかっています。いくら才能や才覚に恵まれていても、考え方が間違っていてはいずれ社会からはじかれてしまいます。今そのことを、下の世代の人たちにどうしても伝えたい。その思いを込めて、この本をまとめました。本書が多くの人の人生にとってお役に立てるよう祈っています。

株式会社 京都プラザホテルズ 代表取締役会長　清水幸雄

第1章

40歳過ぎても天職に出会える

父と私。会社のマーク（鳩に「平和」）
が入ったユニフォームで

メッキ工場、平和鍍金工業所の入口

京都駅の南側は、ネギ畑と工場地帯だった

私は1951（昭和26）年、京都市南区の九条でメッキ工場を営む家の長男として生まれました。私が生まれた頃はまだ国民の暮らしも貧しく、敗戦の残り香のようなものと、復興に向けて一から立て直してやるというエネルギーとが交錯していたような時代でした。当時、京都駅の南側は一面、九条ネギのネギ畑で、その一角に繊維工場や染物工場などが集まった工場地帯があり、父のメッキ工場もそこにありました。

今はもう存在しませんが、戦後から高度成長期の間、すぐ横に松下電器の大きな工場が建ち並んでいました。松下電器の本社は大阪の門真市ですが、当時の松下電器の代名詞ともいえる電球は、この京都の工場で生産されていたのです。今からは想像がつかないかもしれませんが、京都駅の南側には、ほんのすぐそばに工場群があったのです。

清水寺に金閣寺、銀閣寺、そして京都御所に嵐山と、京都で人気の観光名所の多くは駅の北側にあり、北口には華やかな趣があります。京都タワーが北口にできたのも、平

安京の時代から続く町づくりが一望できるからこそです。

それが南側となると工場群とネギ畑。雰囲気はまるで違っていました。もちろん南側には五重塔で有名な東寺はあるものの、周辺はたいした風情もなく、観光客は電車を降りると北側に出て、そこから目当ての観光スポットに移動するのがお決まりです。


メッキ工場は父が起こした事業です。もともと父は軍人で、戦時中は中国に出征し、連隊副官を務めていました。当時の軍隊の組織構成はよくわかりませんが、父の話では1万人規模の部隊だったそうです。そのナンバー2ということですから、大尉と同等の階級だったようです。父は1945（昭和20）年8月15日の終戦を、中国で迎えています。部下を全員内地に帰すのが上官の務め。父が京都に引き揚げてきたのは、終戦の翌年のことでした。

父は京都にもどると、材木屋の仕事に就こうと、京都市内の中でも大手の材木商に入社を決め、机まで用意されていたそうです。

じつは祖父が材木屋を営んでいたため、同じ仕事をとそのときは思ったのでしょう。

ところが入社直前に、就職を反故《ほご》にして、戦友とともにアルマイトの加工工場をつくることを決めたのでした。父いわく、「焦土と化した祖国・日本を見て、この国の復興のためにも、これからは材木よりも鉄や非鉄金属の時代だ」と思ったのだそうです。

アルマイトとは当時、弁当箱ややかんなどの日用品に使われていた粗悪な金属です。物資や資源に乏しい日本で、日用品や調理器具に使われはじめたことから、需要があったようです。父の戦友はその加工技術を持ち、父には祖父が材木屋を営んできた土地がありました。互いに持っているものを出し合う形で、工場を共同経営することにしたのです。

せっかく決まっていた材木商への就職はとりやめ、代わりに材木屋の建屋を利用してアルマイトの加工をはじめたのでした。

戦地で同じ釜の飯を食い、生きるも死ぬも一緒だと誓って異国の地でともに戦ってきた戦友といえば、家族以上の絆に思えます。日本に引き揚げた後、戦友同士が共同で事業を起こす話は珍しくありませんでした。しかし所詮は他人同士であって、その多くはうまくいかず、早々に解消することも多かったのです。父の場合も同じで、2年たらずで共同経営を解消したようです。それぞれが別の道を歩むことになり、父はそこからメッキ加工をはじめました。東京から専門家を招いてメッキ加工を一から指導してもらい、「平和鍍金《めっき》工業所」を開業したのです。その後はメッキ工場を営みながら、母と結婚し、1951年に私が生まれました。

工場と一体になった家に住んでいますから、物心ついた頃には、工員さんと家族のように育ちました。工員さんとはよくキャッチボールをしたり、遊び相手をしてもらった記憶があります。やがて私は近くにある公立の九条弘道小学校に上がり、中学校からは同志社に通わせてもらい、そのまま高校、大学と進んで1973（昭和48）年に卒業しました。

1973年といえば、第一次オイルショックの年です。石油価格の急騰で紙がつくれなくなるという噂が広がり、全国的にトイレットペーパーの買い占めが起こって店頭から消えるという奇妙な現象がありました。私は、大学を卒業した後は、父親のメッキ工場を手伝うと密かに決めていました。

そんな私に、父はメッキ工場は儲からないから継がなくていいと言っていました。当時、父が「寄らば大樹の陰や。頑張ってどこかの会社に入ってサラリーマンをやったらいい」と言ったのを今も覚えています。しかし世間知らずの私は、寄らば大樹の陰という考え方に共感できず、「俺は長男だし、親父が町工場をやっている間は、手伝わないと悪いやん」といって父の言葉を跳ね返していました。

父はまだ54歳でしたから、この先、10年やそこらはメッキ工場を続けていくことになるのはわかっていました。それに工員が20〜30人ほどいて、幼い頃から家族同然に過ごしていた人たちもいます。息子が大学を出たからと、毎日スーツを着て会社に勤めるというのは、なんとなく格好悪いような気もしていました。

メッキ工場を手伝う気になったもうひとつの理由は、就職活動の経験です。心の中では父の仕事を手伝うことに決めてはいたものの、やはり一度は就職試験を受けてみたいと思い、津村順天堂、大阪ガス、佐藤製薬など大手企業の採用試験を受けてみました。それぞれ筆記試験はクリアするものの、面接でことごとく落ちてしまいました。

なぜ落ちたのか。その理由は自分でもわかっていました。面接の初期段階では、学生が3、4人の合同面接です。そこで面接担当の人が学生に質問を投げかけ、順番に答えていきます。他の学生は面接官に何を言われても「はい、はい」と、生真面目に答えていました。

私はその姿を見ていて、この会社に入ったら、あんなふうに毎日上司の言うことを「はい、はい」と言いながらやるんかなと思うわけです。いや、こんなのはとても自分には向いてないわと思ってしまうのです。なんや緊張して、はいはい言うて……と、他の学生が生真面目に答える姿を、冷めた目で眺めていたんですね。

当時の就職面接とは、学生が自分のいいところを一生懸命にアピールして、「頑張ります、採用してください」と売り込む場です。にもかかわらず、目を見張るような成績でもなく、特別な技能があるわけでもなく、熱意もなく、他の学生を客観的に眺めて

「こんなんおかしいわ」と思っている私のような学生が、有名企業の採用面接で合格するはずがありません。

一方で、私自身も面接の経験から、自分にサラリーマンは向いていないと見切りをつける機会にもなりました。

その頃、父の工場は相変わらず忙しく、求人広告を出しても、〝きつい・汚い・危険〟のいわゆる「3K」と忌避されて、人が来てくれない状態でした。しんどそうにしている父親を手伝うのが長男の務めという義務感も強まり、父の会社に就職することにしたのです。

「長男の務め」と、自分を押し殺して

かといって別にメッキ工場の仕事がしたいと思っていたわけではありません。だったらなんでと思うかもしれませんが、心というのは0か100かという単純なものではないですよね。いろいろな思いがないまぜになって、ひとつの器に入れられているのが心

というものです。

私の心の中には、父親の仕事を手伝うのが長男としての務め、という思いが多くを占めてはいましたが、その一方で「こんな汚い工場で働くのは嫌や」という思いもありました。ゴム長をはいて、前掛けのようなものをつけて、汚い工場をあっちこっちと動くわけです。メッキ工場というのは常に蒸気が充満していて、蒸し風呂みたいに暑くて、足元は常に水でびちゃびちゃ。当時はスポットクーラーもなくて、真夏などはほんまに暑かった。片や同級生たちは、ぱりっとスーツを着こんで出勤しとる。自分ではこうせなあかんと思ってやっていることですが、それを思えば落ち込みます。

税理士の息子などは大学院に行って、学生生活の延長みたいなことをして遊んでいるわけです。なのにこっちは毎日、汗まみれで一生懸命仕事をしている。その落差に気持ちが沈むことはしょっちゅうでした。

正直に言えば、メッキ工場は私にとってやりたい仕事ではありませんでした。自分が望んでやっていることではないと自覚していたのです。ただこれが自分の務めやと思っていただけですから、前向きな気持ちなどありません。
それでも自分の気持ちを押し殺して、親のため、家のためという思いで続け、就職して8年たった30歳で私は結婚しました。それから3人の子どもに恵まれて、その頃には父の代わりがそこそこできるようになっていました。

父も安心したようで、孫とよく遊んでいました。京都駅が近いものだから、孫に新幹線を見せてやるといって一緒に出かけたり、近くの東寺の境内にいる鳩の餌やりを孫にさせてやるといって散歩に出かけていました。

その頃には週末にゴルフに行くようにもなりました。そんな父の姿を見て周りの人たちは「幸雄さんは親孝行やな」と言ってくれたものです。そんなふうに言ってもらえば、私も悪い気はしません。孫と楽しそうに遊んでいる父親の姿を見ながら、自画自賛する思いも湧いてくるのでした。ところがそんな穏やかな日は、長くは続かないものです。

そこから人生が突然、急展開していくことになるとは、そのときは思ってもいなかったのです。

「道経一体」という哲学に出会うまで

父はとても優しい人でした。特に、子どもには優しく接してくれました。祖父が厳しい人で、父は厳しく育てられたから、自分の子どもは優しく育てたいと思っていたようです。

京都というのはごぞんじのとおり、平安の時代から1000年もの間、都があった土地です。笑い話で、京都の人に「先の大戦」といえば、太平洋戦争でもなく、幕末の戊辰戦争でもなく、室町時代の「応仁の乱」を思い出すと言われます。これは大げさだとしても、高級織物として有名な西陣織の「西陣」とは、応仁の乱で西側の陣があった場所のことですから、それを思えば歴史感覚は他の土地の人とは少し違っているかもしれません。ですから京都の人は「家族」を語るときも話の端々に家柄、血筋、暖簾《のれん》といったニュアンスが漂ってしまう傾向はあるでしょう。またそうした意識が強いからこそ、京都には数百年と続く老舗が多いのだろうと思います。

そこで私も、少し家族の話をさせてもらいます。

父がメッキ工場を京都駅の南側ではじめた経緯は先ほど説明したとおりですが、なぜ京都駅の南なのかと言いますと、私の祖父、つまり父の父親がこの地を買って材木屋をはじめたからです。父方の家はもともと公家の九条家が領地としていた、北山あたりの広大な山々を管理する「代官」でした。北山杉が生い茂る山の整備を受け持ち、伐採した木材などを管理する役を与えられた家柄だったようです。公家に仕える家柄ですから、そこそこの身分だったのでしょう。

ところが明治の維新を機にそれまでの身分制度も公家の特権もなくなりました。家が職責を解かれ、いわば家業を失ってしまったために、祖父は幼い頃に丁稚奉公に出されました。その奉公先が材木屋だったのです。そこそこの身分の家に生まれながら、祖父は材木屋の丁稚になって、長らく勤めた後に今の九条あたりの土地を購入し、1930(昭和5)年に「清水材木店」をはじめたのです。時代の移り変わりの中で過酷な境遇に追いやられた祖父が苦労して手に入れた土地でした。私の父は、その土地で材木を扱う父親の姿を見て育ったわけです。

その後、父は中国に出征し、日本に戻ってきてからのことはすでに触れました。やがて父は結婚します。その相手となったのが、奈良県の河合町という土地で味噌や醤油の卸問屋を営む、いわゆる庄屋の立派な家の長女でした。それが私の母親です。奈良から縁あって京都の清水家に嫁に来た人です。

奈良県は天理教が盛んな土地柄で、母の実家も熱心な天理教の信者でした。そこに先ほど紹介した、モラロジーという道徳の学問体系をつくった廣池千九郎博士が、明治の終わり頃に天理教の中学校の校長として赴任してきたのでした。しかしどういう経緯か詳しいことはわかりませんが、廣池博士はやがてその学校を離れることになりました。このとき、廣池博士は非常に立派な人だということで、うちの母の里はこぞって廣池博士が提唱するモラロジーというものに、いわば宗旨替えをしたのです。私の母もそのひとりでした。

そんな母の影響で、父もモラロジーの勉強をしていた時期があったようですが、その後、何かのきっかけで離れてしまったようです。しかし母は依然としてモラロジーの教えを生活の基盤に据えて生きた人でした。当然ながら私もその影響は受けながら育ったのでしょうが、私にとってはその後、入学した同志社中学、高校の影響のほうが大きかったと思います。同志社はキリスト教の学校で、当時は中学でも高校でも、毎日、授業の前に朝の礼拝が執り行われていました。私はこの礼拝がとても好きで、聖書の教えに親しみがあります。とはいえモラロジーの関係で記念行事などがあれば、私も参加することはありました。幼心にモラロジーからも多くを学んでいたと思います。

ではモラロジーとはいったい何か、簡単に説明します。モラロジー（moralogy）は、「道徳」を表すモラル（moral）と「学」を表すロジー（logy）からなる学術名で、「道徳科学」を意味します。日本はもとより世界の倫理道徳の研究をはじめ、人間、社会、自然のあらゆる領域を考察し、人間がよりよく生きるための指針を探求し提示することを目的とした「総合人間学」です。

先ほど紹介した廣池博士が学問を極めたすえ、大正末期にまとめ上げたのが、このモラロジーでした。その中心の教えは「道経一体」です。「道」とはまさしく道徳であり、「経」とは経済です。道徳と経済は一体のものであり、どちらが欠けても成長や発展がないという教えです。その少し前、偉大な実業家の渋沢栄一が『論語と算盤《そろばん》』（1916年）という本を著しています。論語とは道徳です。算盤とは経済です。どちらもそろっていなければならないとの教えですが、それと基本的な考え方は同じです。言い方を変えれば、経済は道徳がなければ成り立たず、道徳は経済がなければ成り立たないということでもあります。両方が満たされてこそ、成長や発展、繫栄がもたらされる。その理想的なモデルとして、自分よし、相手よし、第三者よしの「三方よし」の教えを全国で唱え、広めたのも、廣池博士でした。私自身もモラロジーの先生方に経営を教わりながら、「道経一体」の教えを旨として、これまで経営を行ってきたのです。

父の死は突然やってきた

ここで話を戻します。私は長男の務めとして家業を手伝うため、父親の会社である平和鍍金工業所に就職しました。メッキ工場の仕事は自分が望んだものではないにせよ、親孝行をするために10年以上も父の横で仕事をしてきたのでした。

嫌いな仕事ではあったものの、我慢して続けることで父の負担を軽くし、孫の顔を見せることもできました。父は週末にゴルフに出かけられるような、余裕のある日々になったわけです。周囲からは「幸雄さんは、親孝行や」と言われるようになり、自分でも親孝行ができている気になっていたのでした。

その実、この工場を2代目としてもっとよくしたいとか、立派な会社に成長発展させようといった前向きな気持ちもなく、自分を押し殺して手伝いをしている日々でした。はっきりと自覚していたわけではありませんが、親孝行のために自己犠牲の毎日を送っている自分に、酔っていたのかもしれません。

それどころか、毎日変わりばえもしない仕事を延々と繰り返す商売下手な父に、不平不満を持つようになっていました。「親父にもっと商売のセンスがあったら、いつまでもこんなしんどい仕事なんてしなくてすむのに」と、いらだちさえ感じていたのです。

そんな状態ですから、私から父に何かを相談したり、会社のこれからを語り合ったりといったことは一切ありませんでした。自分がやるべきことをやったら、それ以外のことは知らん。そんな態度でした。

そもそもメッキ工場で働く人生を、自分で望んでいたわけではありません。むしろこんな仕事は自分には向いてない。自分は人と接する接客業やサービス業をしたいと思っていました。ですから将来の人生設計など立てようもありませんでした。

本来、自分には、お客さんを相手にあれこれと会話をするような仕事のほうが向いているということは、わかっていたのです。工場の中で黙々と仕事をしているのは、監獄の中に入れられているような心持ちでした。

それでも自分さえ我慢していれば、毎日は平穏に流れていくと自分に言い聞かせていたのです。それが自分の務めを果たすことだと思い込んでいました。

ところがそんな平穏な日々は、長続きしませんでした。

「この頃ゴルフでラウンド回るのしんどいねん。ちょっと病院に行ってみるわ」と父が言ったのは、1987(昭和62)年の3月末のことでした。近くの病院で診てもらったところ、「もっと大きい病院に行ったほうがいい」と言われ、4月4日に伏見にある国立病院で診てもらったら、即入院。明くる日、家族が呼ばれ、私と母とで病院に行ったところ、「お気の毒ですが、お父さんは余命1ケ月です」と告げられたのです。肝臓癌と肺癌を併発し、すでに末期の状態とのことでした。それからわずか10日後、4月15日に父は68歳で亡くなりました。入院して12日でこの世を去ってしまったのです。私はまだ36歳でした。

じつは親不孝だった……衝撃を受けた夜

父が亡くなって、会社をすぐ畳むというわけにはいきません。20~30人いた工員の生活もかかっています。私も14年もやってくれば、それなりに取引先との関係もできています。それをいきなりご破算にすることはできません。ずっとナンバー2でやってきていたわけですから、誰が考えても私が後を継いでやっていくしかない状況です。どうせいつかはこういう日が来ることはわかっていたわけです。まさかこんなに早く、その日が来ようとは思ってもみませんでしたが。

私の子どもは当時、一番上の男の子が4つの幼稚園、下の女の子が3つ。一番下の子はまだ生まれていませんでしたが、幼い子どもがいる身で仕事を辞めるわけにもいきません。社長になることを受け入れるまでに、さほど時間はかかりませんでした。しゃあないな、メッキ工場をやっていかなあかんのかなという気持ちでした。どうせやるなら工場を立派にしたいとも思いました。しかしそのときは、心を入れ替えて、などということはまったく考えていません。それまでやってきたようにやるしかないと思っていました。

そして父の葬式の日を迎えました。取引先や親戚だけでなくモラロジーの関係者の方々にも参列していただいたことで、およそ1000人が参列する盛大なものとなりました。自宅の敷地で執り行ったため、警察も出動して交通整理に出てきてくれたほどです。これだけの参列者を迎えるとなると、今ならどこか大きな式場を借りると思います が、当時葬式と言えば自宅で行うものだったのです。弔問の方々へのご挨拶も、屋外で 行いました。

つつがなく葬式が終わると参列者は潮が引いたようにいなくなりました。片づけを手 伝ってくれた親戚もやがていなくなり、私たち家族だけになった頃、あたりは暗くなり ました。ずいぶん寂しい夜でした。

つい2週間ほど前までふつうに父が歩いていた工場や孫と遊んでいた居間で、二度と 父の姿を見ることはないのかと思うと、人の命の儚さを思わずにはいられませんでした。

すると、母がぽつりと言いました。

「お父さんはほんまにおまえのこと、心配してはった」

私にとっては意外な言葉でした。「幸雄は何にも俺に言いよらへんなあ。あいつはほ んまに商売やる気あんのかな」と、父はその頃よくこぼしていたと母から聞かされたのです。しんとした居間で聞いたその言葉は、グサリと私の胸の深いところに突き刺さりました。私は、これが精一杯の親孝行やと思ってやってきていたわけです。それを近所の人も親戚も、親孝行だと褒めちぎってくれていました。ところが当の父親は、安心するどころか、ずっと息子のことが心配でならなかったのだと知りました。

何の不満もこぼさず、呑気に孫と遊んだりゴルフに興じている毎日に満足しているものとばかり思っていたのに、とんでもない思いあがりでした。親の眼には、息子がやりたくてやっているわけではないことくらい、お見通しだったのです。何にも相談しない、報告もしない、これからの話もしようとしない。そんな息子を見て、ずっと寂しい思いをしていたかと思うと、私はいたたまれなくなりました。自分がやってきたことは全部、親不孝だったのかと気づいて、愕然としてしまったのでした。

親を亡くした後でも親孝行は一生できる

母の言葉を聞いた瞬間から、できることならもう一回、父との関係をやり直したい、腹を割って話したい。ちゃんと頭を下げてお詫びを言いたいとの思いが募っていきました。「親孝行したいときに親はなし」という格言どおりです。自分では精一杯の親孝行をしていたつもりでしたが、じつは正反対だったことに気づくというのは、何ともやるせないものです。「さりとて石碑に布団はかけられず」。すべては後の祭りです。取返しのつかないことをしてしまった。後悔がつのって、私はやがて、うつ病のような状態になってしまいました。

やり場のないこの気持ちを誰かに聞いてもらいたいと思ったとき、ふと思い出したのが、モラロジーでお世話になってきた望月幸義先生のお顔です。私は、すがる思いで、自分の父親が亡くなったこと、そして自分が親孝行だと思ってやってきたことは、実際には親不孝だったことをそのまま手紙に書き、モラロジーの本部にいらっしゃる望月先生宛に送ったのでした。間もなく先生から現金書留が届きました。

中にはご仏前の包みと一通の手紙が同封されていました。手紙には次のような文章が綴られていました。

「清水君、私も3年前に父を亡くしました。亡き父のためにこれから親孝行をしたいと思っています」という書き出しでした。不思議な文面です。お父さんは亡くなっている。なのに「これから親孝行したい」って、どういうことや。

次のくだりに目を通すと「清水君が立派な人間になること、立派な人生を送ることがお父さん、お母さんにとっての最大の親孝行になりますよ」とありました。そして先生ご自身もそう思って頑張るから、一緒に頑張りましょうと綴られているのです。

これから立派な人間になることが、親孝行になるとはいったいどういうことなのか。何度も読み返してみて、やっと理解したのはこういうことです。

もし自分が悪いことをして新聞の三面面記事にでも載ったとしたら、私だけが悪いのではなく、そんな人間に育てたお父さんにもこういう悪いところがあった、お母さんにもこういう悪いところがあったと世間は噂するだろうと。

しかし反対に、何か立派なことをしてそれが評価されたときは、「立派な人間に育てたお父さんが偉かった、お母さんが偉かった」と世間は噂するものだという教えでした。

自分が立派になることで、両親の評価を上げるという親孝行ができるとの教えがそこにあったのです。

「あなたのこれからの頑張りようによって、未来を変えることができるのはもちろん、過去も変えることができる」という言葉で、手紙は締めくくられていたのです。

この手紙を読み終えたとき、私の体に戦慄が走りました。そしてどん底から救われる思いで心が満たされたのです。取り返しがつかないと思っていたけれど、今から取り返せるのか。この瞬間、私は生きる目標を得ました。それは、自分が立派な人間になることで、形だけでなく本当の親孝行をするというものです。親孝行とは一生続くことを教えられたのです。

「親を亡くした後でも、
親孝行は一生できる。
あなたが立派な人間になることが、
一番の親孝行なのだ。」

社長になった途端に事件が続出

立派な人間になることで親孝行しようと心に誓ったものの、どうすれば立派な人間になれるのか。そもそも自分が親孝行だと思い込んでいたことは勘違いだったのですから、その方法がわかるはずもありません。そこで思ったのは、生涯親孝行ができると教えてくださったのがモラロジーの先生なのだから、モラロジーを真剣に学んでみようということでした。

モラロジーの教えは母の影響で幼い頃から聞きなじみもありますし、一時は父もモラロジーを学んでいましたので、私もたまにセミナーに参加することがありました。もちろん20代の頃ですから、聞く態度もいい加減なものです。せっかくの話も右から左に抜けていたのですが、それでも身近には感じていましたから、まずはそこからはじめようと思ったわけです。

ただこういう思いは、父に対する息子の思いであって、父とはもうひとつの関係がありました。それは社長と部下の関係です。仕事面でいえば、自分の勤めている会社のトップが急にいなくなったわけですから、ナンバー2の私は大慌てです。もちろん工員さんも創業者がいなくなった状態では不安です。

これまで私は、メッキ工場の仕事や経営に前向きではなかったわけです。はっきり言って好きでもなかった。そもそも向いていないこともわかっていました。そうはいってもそれまでの取引先との関係もあります。工員さんのこともありますから、急に工場を畳むわけにもいかない。父亡き後、私が会社を引き継ぐことにしました。しかし突然のことですから、何も考えはありません。曲がりなりにも14年間、社長の右腕としてやってきたわけですから、一通りのことはわかるだろうということで、会社を継いだのでした。

ところが社長になってみると、まったく見える世界が違いました。社長は会社のことをすべて自分で決めなければいけません。傍から見れば当然のことですが、いざ責任が自分の肩にのしかかってくると、これは大変なことだと気づきました。ナンバー1(社長）とナンバー2（専務）ではまったく違っていました。

なぜそれがわかったかというと、私が社長になった途端、次から次に問題が降りかかってきたからです。うちの工員さんが、近くのスナックで酒を飲んでいて他の客と喧嘩になり、けがをして救急車で運ばれたという連絡が入ってくる。

業務中に工員さんが体調を崩して救急車を呼ぶことになる。

仕事で気に入らないことがあったといって工員さんが突然、辞める。

反社のような輩が突然、乗り込んできて、わけのわからんことで脅してくる。

かと思えば、うちのトラックが町で事故を起こして、会社の責任が問われる。

極めつきは、排水処理ができていないとして、業務改善命令を受けてしまったことです。メッキ工場は化学薬品を使用しますから、法律で定められた基準まで浄化処理をして外に流すのが決まりです。もちろんうちにも排水処理設備があり、基準に合わせて流してはいました。しかし、設備の不具合によって基準をオーバーした水が流れてしまったのです。おそらく父はそういうときに穏便にすませてもらえるよう、ふだんから行政や近隣の人たちともよく話していたかもしれません。

しかし社長が代わったのをこれ幸いと、突然、行政の取り締まりが入ったわけです。そして行政指導を受けました。それを地元のテレビ局が「社長が下水道法違反で検挙されました」と誤報を流したことで、騒ぎが大きくなったりと、父が亡くなって間がないのに、次から次につらいことや苦しいことが起きたのです。

神様は、乗り越えられない問題は与えない

たまたま父がいなくなったタイミングでトラブルが重なっただけかもしれません。しかし、おそらく父が社長をしていたときも、こういうことはしょっちゅうあったのだろうと思います。父はそれにひとつひとつ対処していたのです。私もそういう姿は何度か見たことがあります。しかしええ加減にしか受け取っていませんでした。もし父に聞いて教わっていたら、そんなことが起きないよう、早めに手が打てたかもしれません。

今思えば、父は工員さんの面倒もよくみていました。一人ひとりの表情や顔色を見て、

様子がおかしいと思えば声をかけたりしていました。それで未然に防げたトラブルも多かったのかもしれません。

それにしても、父の四十九日も終わらないうちに、なんでこうなんやとほとほと困りました。そしてとうとう、まだ提灯が左右に灯っている父の遺影の前にへたりこんで、「もう無理や。社長なんかとても務まらん。どないしたらええんや」と、話しかけたんです。もちろん父は何も答えません。ところが不思議なことが起きました。

「小学生には小学生のテスト問題が出る。中学生には中学生のテスト問題、大学生には大学生のテスト問題が出る。大学生に小学生のテスト問題は出えへんし、小学生に大学生のテスト問題は絶対出ない。

神様は、その人が乗り越えられない問題は与えない」

この言葉が体から湧き出てくるように、鮮明に思い出されたのです。なぜこの言葉なのかと考えてみると、おそらく20代の頃に、モラロジーのセミナーで、ある先生から聞いた言葉だと気づきました。当時はいい加減にしか聞いていませんから、ふだん意識したこともありませんでした。ところが、父親の写真の前で嘆いていたら突然、思い出したのです。不思議な体験でした。

この言葉の意味は、神様はその人が一生懸命頑張ったら、乗り越えられるくらいの問題しか絶対に与えないということです。キリスト教の聖書にも、同様の言葉が出てきます。ではなぜそんな問題を与えるのか。それはその人を成長させるためです。自分の身に起こった問題はそういうふうに受けとめることが正しい姿勢なのだと、ずいぶん前に先生が言っていたのを思い出しました。それを思い出して、そうか、頑張らなあかん、頑張れば乗り越えられる、と思い直したのです。もちろん写真の父は何も言いませんでしたが、そんなことがありました。

36歳にして、一から経営を教わる

呆然自失の状態にあったとき、ピンチを救ってくれたのは、またしてもモラロジーです。父も母もモラロジーの財団とはご縁をいただいていましたから、父を亡くして私が苦労していると知って、経営の相談に乗っていただけることになったのです。

モラロジーの財団の本部組織には経営相談室という部門がありまして、経営者の悩みに対してアドバイスをくれる専門のコンサルタントの方々がいます。そこでは売上が伸びない、後継者がいないといった問題に対して、モラロジーの観点で、つまりは三方よしにもとづいたアイデアやアドバイスをしてくれるのです。

うちの近くにモラロジーの京都南区事務所があり、そこの代表さんが、本部経営相談室に所属する植村吉道先生というコンサルタントに「清水君がお父さんがいなくなって、社長になって苦労しとる。ちょっと経営について教えたってくれんか」と連絡をとってくれたのでした。

それから植村先生は週1回、手弁当でうちを訪ねてくださるようになり、一から会社経営を教えてくれました。親孝行は一生できると教えてくれた望月先生と、手弁当で経営を一から教えてくださった植村先生、このお2人には父が会わせてくれたと今でも思っています。

植村先生には、まず「中期経営計画書」をつくれと教わりました。そんなもの立てたこともない私に、中期経営計画書とは5年というスパンで目標を立てて、そのために最初の1年は何をするか、次の年は何をするかと数字で計画を立てるものであり、これを経営の真ん中に据えて運営するのだと教えてくれたのです。それを聞いてさっそく中期経営計画書づくりをはじめました。

今後5年の計画づくりを進める中で、会社の未来に2つの柱があることがわかってきました。ひとつは工場の移転です。植村先生から、京都駅から徒歩7～8分という場所で工場をやっているのはもったいないという指摘があり、私も同感でした。地代や物流も含めて、工場ならもっと南側のほうにある、工業地帯でやったほうが何かと効率がいいのです。

その頃はメッキ加工だけでなく、金属塗装も同じ敷地内で行っていました。これは私が主導してはじめた事業です。その金属塗装で着実に利益が出ていたものですから、

「次期社長さんはやり手やな」と言われたりもしていました。

しかし同じ場所で2つをやるのは手狭になってきていましたので、もう少し広い場所に移ったほうがいいだろうとはかねがね考えていたのです。

そこで2つ目の柱になるのが、工場の跡地となる200坪の土地活用です。経営環境の変化に適応できるよう、既存の顧客に新しいサービスや商品を提供する新規事業をつくる。そうした構想もすでに出ていました。最初に作成した中期経営計画では、この工場移転と新規事業の立ち上げの2本柱をセットにしていました。

ただ引っ越すのはいいとして、そこで設備を整える資金が必要なのと同時に、空いた土地で新しいビジネスを起こすなら、そちらでも資金がかかります。両方ともやるには、借金をしなければなりません。だったらこの土地を売って、そのお金で南側に工場の建屋と設備を設けるか。いやそれはもったいない。だったらどうすんねん……。結局それを6年間この場所で考え続けていました。

その間に、銀行にも何かいい商売はないかと相談したこともありますが「マンションやったら左うちわ、右扇風機ですやん」などとうまいこと言われる。京都駅徒歩7分ですから、マンションを建てたら、絶対に満室になる。そのうえでメッキ工場をやれば安泰だというわけです。銀行からすればマンションが一番手堅い投資なのです。でも左うちわの生活なんておもしろくない、と私は感じました。

そうかと思えば、南区は所得が高くないから焼肉屋がいいという人も出てくるなど、いろいろなことを言われました。しかしどれもピンと来ません。そうしてメッキ工場を大きくしていくのか、この土地で何かおもしろい事業はないかと、一生懸命考えている間に5年もの月日が流れていったのです。

「神様は、あなたが乗り越えられない問題は決して与えない。」

なぜビジネスホテルを考えはじめたか

中期経営計画書の5年が終わり、6年目を迎えようという頃、植村先生から一本の電話がありました。「ビジネスホテル業界の〝大統領〟に会った」というのです。

植村先生がモラロジーの建設部会のセミナーに参加したときの講師が、建設関連のコンサルタントで、後にビジネスホテルの大統領と呼ばれるようになる人だったのです。その〝大統領〟が、大きな駅の近くに土地を持っている人は、ビジネスホテルを建てるべきだと力説していたというのです。これからはビジネスホテルが全国に普及していくと話し、それを建設業界の人たちが聞いていたわけです。

ビジネスホテルはローコストで建築できるから、ホテル事業の収益率も高いし、土地のオーナーさんも喜ぶという話をしていたそうです。

その会場で講演を聞いていた植村先生が、私を思い出してくれたようで、講演が終わるとその方のもとに行き、「じつは自分が指導を行っている中に、京都駅の八条口から歩いてすぐの場所でメッキ工場を営んでいる社長がいます。もしそこで先生が話していたビジネスホテルを開業したらうまくいくでしょうか」と聞いてくださったようです。すると「ああ、あのあたりなら間違いない。ぜひ勧めてあげてください」という話になり、私に連絡をくださったわけです。

それがビジネスホテルを考えるようになったきっかけです。しかしいきなりビジネスホテルと言われても、何がいいのかまったくわからない状態です。それで植村先生はその大統領を京都に連れてきてくださいました。

大切なことだからと、母も同席して大統領先生の説明をうかがいましたが、先生は自信満々で「ここなら絶対にやったほうがいい」と強く勧めてくれます。しかしネギ畑が残っているような、こんな地味なところでホテルかいなと、私は半信半疑でした。母も「こんな立派な先生に言われたら、おまえなんか赤子の手をひねるみたいなもんや」と冗談めかして言ったことを今も覚えています。

植村先生もこの分野は専門ではないこともあり、「清水君がよく考えて決めたらいい」

というふうでした。

その後、しばらくしてもう一度、大統領先生が訪れて、前回同様に強く勧めてくれました。もしも銀行からの話であれば信じなかったでしょうが、専門家のお話だけに信頼性が格段に違います。そこから真剣に考えるようになりました。

「ありがとう」と言われる仕事をしたい

もしビジネスホテルをやるなら、建設費に7億円かかると言われました。これまでのメッキ業で一番高額な借り入れでも、3000万円程度です。それが上物だけで7億ですから、とても簡単に決められません。それに、当時の京都にはビジネスホテルがほとんどなかったので、うまくいくのか予想がつきません。

どうすべきか考えるにしても、一日仕事して疲れた頭で考えたってまとまらないわけです。結局、年末まで結論を出せないまま仕事納めとなり、1994（平成6）年のお正月を迎えました。正月休みの1週間、ひたすら考えていました。そして「よっしゃ、俺はこれでやろう」と結論を出したのです。

メッキ工場はすぱっとやめて、ビジネスホテル一本にかけてみることにしたのです。この結論にいたった理由は、まず両方を借金してやるのはとても無理だということ。ではビジネスホテルとメッキ工場とどっちをとるか。ひとことで言えば、どちらに夢を感じるか、です。その基準で考えれば結論は明らかでした。

資金力も技術力もない、うちのメッキ工場に、やはり夢は感じませんでした。もうしんどかったんです。多少は儲かるようになりましたが、これから先、成長が見込めるものでもないし、夢も感じない。そもそも自分の性に合っていないこともわかっていました。一方でビジネスホテルなら、自分が飛び立てるような気がしました。不思議な感覚ですが、飛び立てると思ったのです。

しかしながら、この決定を周囲に受け入れてもらうのは難しいだろうということは、自分でもわかっていました。年齢が30歳ならまだ理解される余地はあるかもしれない。

しかし42歳で、これまでやってきたことを一からひっくり返すっちゅうのはさすがにないやろと。ただそのときに思ったのは、顧客から「ありがとう」と言われる仕事をしたいという、純粋な思いです。メッキ工場は孫請けで親会社に納入していたので、エンドユーザーから「ありがとう」の声は聞けません。ものをつくる喜びがなかった。どれだけ一生懸命働いても、楽しさを感じませんでした。

仕事というのは単に生きていくお金を稼いでいればいいというものではありません。やはり誰かの役にたっているという実感がないと、どこかで虚しくなってしまいます。心の部分で、やっぱりこの工場を続けとってもあかんと思いました。

メッキ工場に可能性を感じなかった現実的な理由として、うちには技術力がありませんでした。もし高い技術力があれば、半導体のほうにいけたかもしれない。そうすれば事業拡大の芽もあり、少しは夢も見られたでしょうが、とてもそのレベルには達していませんでした。これまでやってきた、百貨店の陳列棚などに使われる、いわゆる装飾系の金属メッキ加工しかできないわけです。この装飾がこれから伸びていく見込みはありませんでした。

夢にこだわるならせめて30歳になる頃までには、自分に合った世界に身を置いて多少なりとも経験を積んでおくべきなのでしょう。そして自分の選んだ道を貫いていくのが、正しいあり方だったかもしれません。しかし人生にはいろいろな事情があります。私の場合は父が残した家業を継ぐという宿命がありましたし、本当に生涯かけてやってみたいと思える仕事も、それまでになかったわけです。たまたまそれが42歳でようやく見つかった。もちろん世間的には明らかに遅い。しかしだからといって夢のない仕事で生きていくのは嫌だと思ったわけです。

父の後を継いでからずっと、うちのメッキ工場の経営を改善し、少しでも成長していけるよう週1回、指導に来てくださっていた植村先生に、私の決断を報告をしたところ、先生は反対しませんでした。ただし、「辞めてもらう工員さんの行く末をきちんと考えないと、次に何をやっても成功しないよ」との忠告をいただきました。工員さんが困らないように仕事の世話をして、退職金も規定の1・5倍は出してあげなさいとアドバイスをもらい、私もそこはきっちりやろうと思ったのでした。

休み明け最初の出勤日、工員さんたちを前に今年でメッキ工場をやめることを告げました。事業終了は決算月の10月末であり、少し多めに退職金を支払うことや再就職先はしっかりと会社が面倒をみることも約束したのです。

全員に反対されても、決断できた理由

私が工場閉鎖に踏み切れたもうひとつの要因は、借金がなかったことです。父は借金を嫌う人でした。それが会社を大きくできなかった理由でもありますが、借金があればやめるにやめられなかったと思います。

自分なりに考えた末の結論でしたが、周囲は反対の大合唱です。

「メッキ工場の仕事しか知らない人間が、ホテル経営なんて無理だ」

「世界的な観光地である京都で、なぜビジネスホテルなんだ」

「40も過ぎて、夢を追いかけるのは大人げない」

「メッキ工場をやっていれば食っていける。無謀な冒険はしなくていい」

「観光地からも繁華街からも外れた駅の南のホテルに、誰が泊まるんだ」

「祇園で旅館をやっているうちでさえ大変なのに」

「失敗して嫁さんや子どもを路頭に迷わすことになったらどうする」

さまざまな反対意見が耳に入ってきましたが、それぞれもっともな意見ばかり。順調に利益を出している事業をやめて、7億円もの借金をして、やったこともないホテル事業をやると聞けば誰もがやめとけというでしょう。

親戚も全員反対でした。1994年といえば、バブルがはじけて日本の経済が一気に停滞していた頃です。そんなときに、メッキ工場しか知らない42歳の男が、7億円もの借金をしてビジネスホテルをはじめるなんて、どう考えても無謀です。

「幸雄さん、メッキ工場をやってたらあきませんのか」

妻の父親からもそう諭されました。それはそうです。かわいい孫が3人いるわけです。逆の立場だったら、私だってそう言います。

かと思えば「おまえ、ええ加減にせえ。うちは絶対に金は貸さへんからな。俺のところには来るなよ」と、ぴしゃりと言われることもありました。

妻も、あからさまに反対はしませんでしたが、賛成もしませんでした。それも当然のことです。たいして裕福でもないのに、子どもは私立の学校に通っていましたから、お金もかかる時期でした。

そんなふうに誰に聞いても反対の中で、ひとりだけ背中を押してくれた人がいました。

「おまえがそう思ったなら、頑張ってやったらええやん」

そう言ってくれたのが母でした。母は、亡くなった父が苦労していたのを知っていたし、私が大変な思いをしているのも間近で見てきましたから、そう言ってくれたのです。もし私のことを全部見てきた母親にやめとけと言われていたら、おそらく諦めていたと思います。だからこそ「やったらええ」の言葉は重かったのです。

人生ここぞというときには、冒険するべきだと思います。特に変化の激しい今の時代には、冒険する気持ちは必要だと感じます。引き合いに出しては失礼ですが、京都には多くの呉服屋さんがあります。彼らは今も、京都ブランドだからと1着100万円、2

００万円の商売をしています。デフレの時代が長引いても、値段は変わりませんでした。過去の栄光が忘れられないのです。

変えない努力というのも大切です。でも売上がどんどん下がっているなら、何かを変えなければなりません。変化するべきときに動かないのは、怠慢です。変える努力は常に必要です。

以前から疑問に思っているのですが、呉服屋の旦那さん方で、ふだん和服を着ている人を見かけません。呉服を売りたかったら、常日頃からその魅力を発信するのが務めでしょう。なぜ、着物を売る人が、着物を着ないのでしょうか。主人がどこに行くにも和服を着て、会う人に「ああ、やっぱり着物っていいなあ」「やっぱり京都の老舗の着物は、生地も仕立ても絵柄も色も違うなあ」と思ってもらえば、それが一番の宣伝です。そういう基本の努力もせずに、銀行の言いなりになってマンションを建てるのが関の山です。室町と西陣は今やマンションばっかりです。

何かを変えるには勇気がいります。代々続けてきたことを変えるのはなおさらです。

周りから批判もされ、反対もされます。しかしどこかで勇気をふり絞って変えないことには、いつか時代に取り残され、廃業を余儀なくされます。

京都は、時代に合わせて様変わりしてきた町です。神社もお宮も変わらないからいいのではなく、時代によって様変わりしてきたから千年もの間、都であり続けたのです。今も世界から観光客を引き寄せているのは、努力の積み重ねをしてきたからです。

変えるときは思い切って変える。続くということは、時代に合わせて変えることです。

銀行から突然、融資を断られる

会社整理の日々がはじまりました。工員さんの再就職先を探し、取引先にも事情を説明して打ち切りにさせてもらいました。

銀行からの融資も、順調に話は進んでいました。バブルがはじけて大変なときだから心配はあったのですが、祖父の代からのメインバンクにビジネスホテルの事業計画書を出してみると、支店長が「それなら前向きに検討します。やりましょう」と頼もしい返事をしてくれました。支店長の様子を見て胸をなでおろしましたが、この土地を担保にすれば7億円くらいは用立ててくれるやろうとも考えていたのです。

ところがそれから2ケ月ほどして、メインバンクの支店長から「やっぱり融資はできません」という連絡がきました。青天の霹靂《へきれき》です。「いや、それはないやろ、あんたやりますって言うたやろ」と猛抗議です。何しろ、メッキ工場を閉める日はもう決まっているのに、融資がダメならホテルを建てられないのですから。

ただ、今ならようわかります。あのときにメッキ工場をやりながら、副業でホテルをやるといえば少しは可能性もあったはずです。しかしメッキ工場をやめるということは、食いぶちがなくなるということです。

それもメッキ工場のオヤジがいきなり180度違うサービス業をやると言っているわけですから、これはちょっと怪しいぞと思って当然なのです。しかしこちらはもうすっかりアテにしていたわけです。2ケ月も黙っておいて、いきなり金は出せないと言われても困ります。「もうおまえのところとはつきあわへん」といって、追い返しました。

新しい夢に向かって走りはじめたところで、いきなり足元をすくわれてしまいました。

それから大統領先生の部下と一緒に、銀行回りの日々がはじまります。

借入先を求めて2人で片っ端から回りました。私だけでは説得力に欠けるから、専門家を伴って回りました。しかし、メインバンクが融資しないならうちもできませんと、どこに行っても同じ答えです。これはあかんなと思いました。借入先が決まらないことには受注できない建設業者も焦りはじめて、一緒に探してくれました。

世の中、捨てる神あれば拾う神ありです。そうやって必死に探していたら、京都に支店がひとつだけあった近畿銀行（現・関西みらい銀行）の支店長が、なぜか私のことを買ってくれたようで、「うちが半分やる」と言ってくれたのです。

しかも支店長は「うちが責任を持って相手を探します」ときっぱり言ってくれました。そして数日後、京都共栄銀行の支店長を一緒に連れてきてくれたのです。この二行が協調融資をしてくれるということでようやく資金の目処がたったのです。借入先を探しはじめて1年もかかりましたが、不思議と絶望はしていませんでした。なんとかなるやろ、という気持ちがどこかにあり、本当になんとかなったのです。

住民の大反対「泥棒が強盗になった」

資金の融資が決まり、10月には完全に会社を閉鎖。建設工事がはじまるのが翌年の1995（平成7）年の春からと決まりました。建設期間は1年。建設がはじまる少し前に阪神淡路大震災がありましたが、このあたりに大きな影響はなく、工事は予定どおり行われることになりました。しかし、この時点でもうひとつ、クリアしなければならない壁がありました。近隣説明会です。私のメッキ工場のあった周辺は行政が指定する「商業地域」「準工業地域」です。もしこれが「住居地域」なら、住民の反対がなくなるまで工事はできませんから緊張感もあったと思いますが、「商業、準工業地域」は説明責任を十分果たせればよいため、最初はさほど気にしていませんでした。

ところが結論から言いますと、これがとんでもなく大変でした。

説明会は近くにある自治会館という公民館を借りて行いましたが、そこで強硬に反対されました。人づてに聞いたことですが「泥棒が強盗になったようなもんや」などと言われる始末です。少し説明すると、それまでメッキ工場の排水の問題などもあったわけです。硫酸などの化学薬品を使いますから、風向きによっては臭いも漂います。文句を言って来た人は誰もいませんが、長年不愉快に思っていたのかもしれません。

そのメッキ工場がなくなると思ったら、今度は11階の建物を建てるとなったわけです。そこでビル風が吹くだとか日陰になるとか、いろんなことを言われました。近くに高い建物がなく、11階建ての建物もうちが初めてでしたから、不安もあったかもしれませんが、それを「泥棒が強盗になった」とはひどい言い草です。東京じゃあるまいし、ビル風など吹きませんしね。

ほんとうに京都の人はえげつないことを言うもんです。これまでに尼崎、姫路、大阪、和歌山、広島と、関西を中心にいくつもの場所で近隣説明会を行いましたが、京都が一番、きついです。一度、京都の南に位置する宇治にもホテルを建てる計画を進めたことがありますが、あまりに反対の声が強くて、結局マンションにするしかありませんでした。他でそんなところはありません。

つまるところ、やっかみなのです。ただ反対派の中にはその筋のプロもいて、なんとか反対を長引かせてお金をとろうという目的の輩もおりました。そういう人たちに阻まれて、ふつうなら2、3回ですむのに、約半年の間に10回ほど説明会を開催しました。最終的にはもう説明は尽くしたということで打ち切りにしましたが、最後まで反対する人がいたのです。そういうプロが住民の悪感情を助長して長引かせたのです。ホテルを建てるのはこんなに大変なものかと思いました。それでも気持ちが砕かれたりはしませんでした。一生をかけてやろうとしている事業ですから、そんなことで挫けていられません。ただ腹が立つことはたくさんありました。

オープンまであと半年という頃、山口県の徳山まで研修にもいきました。ビジネスホテルは初めてですから、一通り仕事を覚えなければなりません。それで大統領先生が経営するビジネスホテルで1週間ほどの研修を受けたのです。当初1ケ月の予定でした。1週目はフロント業務、2週目はコンピュータによる経理業務、あとはベッドメイキングや清掃といった形で、研修プログラムが組まれていたのですが、私は1週間でだいたいの仕事を覚えました。そのホテルに泊まり込みで研修を受けていましたから、終業時間の夕方5時になった後も、私はひとりフロントに立って実際の業務を見たり、現場の人に話を聞いたりしていたのです。一緒に研修を受けている人たちは、会社の命令で研修に来ている人が多くて、研修が終わったら街中に飲みに行っていましたし、土日も休んでいましたが、こちらは自分でお金をかけてホテルを建てる経営者ですから、危機意識もやる気も違います。そもそもオープン前の大変な時期に、1ケ月もかけてのんびり研修なんて受けていられないと思っていました。だから自分で勝手に動き回って1日16時間ほどずっと見ていたのです。おかげで、1週間もすると流れや業務はほぼ完璧に覚えてしまいました。

自宅の一室で予約受付をスタート

京都プラザホテルは110室あります。損益分岐点となる稼働率は65％と教わりました。ということは、毎日70室が埋まっていなければいけない計算です。毎日、70人も来てくれるのかと不安で仕方がありません。だからオープンの半年前くらいから、早くも予約をとりはじめました。当然まだホテルはできていませんし、半年前から予約をとる人はいませんが、それでも自宅に予約受付の体勢をつくっていたのです。

その一方でとにかく名前を覚えてもらおうと、市内のあちらこちらで一生懸命に営業や告知を行いました。

そのとき、コンサルの先生から教わったのが、タウンページにできるだけ大きい広告を出すこと。コンサルの先生が開業指導もしてくれていましたから、それにしたがって大きな広告を出しました。その他、京都市の商工会議所に所属している人がいたら紹介してもらい、部会が行われているところにお邪魔して、「ビジネスホテルをやりますので、よろしくお願いします」と挨拶と宣伝をすることもありました。

宣伝で効果があったのは、建設中のホテルの壁に貼った看板です。「京都プラザホテル開業予定」と電話番号を書いた看板を掲げると、少しずつ問い合わせの電話がかかってくるようになりました。オープン近くになると、予約の電話が途切れず、日中は電話の前を離れられないほどでした。お客さんの名前と宿泊日を手書きでノートに記録していきました。そうしてノートに次々と予約が埋まっていくのが嬉しくて仕方がありませんでした。

１９９５～96年と言えば、まだ、楽天トラベルとかじゃらんといったＯＴＡ（Online Travel Agent）、いわゆる旅行サイトなどはなかった時代です。ネットサービスで一番早かったのは日立造船が運営していた「旅の窓口」というサイトで、サービスがようやく普及してきたのが１９９８～99年あたりです。それから楽天トラベルとかじゃらんなどの旅行サイトが次々に出てきて、もう電話は一日中ひっきりなしにかかっていましたが、間もなくネット予約が主流になり、今にいたっています。予約や決済システムの進歩のスピードも速かったですね。

こうしてホテルの完成までに営業活動や告知活動、予約受付と開業準備を進めるうちに、いよいよ新しい事業がはじまる緊張感と喜びで胸がいっぱいになりました。

観光の町・京都でなぜビジネスホテルなのか

メッキ工場の社長からビジネスホテル経営者への転身。なぜそんなことができたのかと不思議に思われる人も多いでしょう。どう考えても、繋がりがわからないと思います。なぜそれでも踏み切れたのか。なぜできると思ったのかを説明しますと、それがビジネスホテルだったからです。結婚式場や宴会場などを備えたフルスペックのホテルであれば素人には無理です。その世界で経験を積んだ人でなければ手は出せません。

一方、ビジネスホテルはシングルルームが主体で、食事も朝食を提供するだけです。これなら素人でもできると大統領先生に教えてもらいましたし、私もその話を聞いて、それなら自分にもできそうだと思ったのです。実際に山口県のホテルで研修を受けたときに、先生が言っていたとおりだと思いましたし、これなら自分でもできるという手ごたえがありました。

なぜ観光の町・京都で、ビジネスマン相手のホテルをするのかと疑問を持つ人もいると思います。京都といえば日本を代表する観光地ですから、観光客を相手に商売をしたほうが儲かるだろうと誰もが思うことでしょう。

ところが実際はどうかというと、観光客がホテルを利用するのはほぼ土日に限られます。京都では土日はどこのホテルもいっぱいですが、平日の稼働率は低いのです。1年間365日でならしてみれば、稼働率はさほど高くありません。

一方、ビジネスマンの利用はほとんどが平日です。年間の稼働率は、ビジネスホテルのほうがはるかに高いのです。しかもお客様はビジネスマンだけではありません。観光客も泊まります。ホワイトカラーも、ブルーカラーも泊まります。冠婚葬祭で実家に帰ってきた人が、家に泊まれないからなど、ビジネスホテルはあらゆる用途や客層に対応できます。テニスコートにたとえれば、全天候型です。そこがビジネスホテルの強みなのです。

しかし京都には旅館やホテルなど、多種多様な宿泊施設がある中で競争が激しいのではないか、結局は大手ホテルに食われてしまうのではないかと、心配する人もいるかもしれませんが、それも勘違いです。飲食店にミシュラン星付きレストランから町中華まででさまざまな業態があって棲み分けされているのと同じで、シングル主体で宴会も結婚式もないビジネスホテルは、ホテルオークラとか都ホテル、リーガロイヤルホテルなど京都にある大型ホテルとは異業種だと思っていただいたほうがわかりやすいと思います。それくらい違うものなのです。私のような経験のない素人が何をしようと、他のホテルは何も言わないですし、そもそも眼中にありません。だから好きなようにのびのびとやれます。

最後にホテルの立地についての考え方も伝えておきましょう。前にも触れたとおり、華やかな京都は駅の北側で、それに比べて南側は、今でこそホテルと商業施設が並ぶ賑やかな通りになっていますが、もともと工場とネギ畑が広がる場所でした。このような地味な場所にホテルなんか建てても人は来ないだろうと思う人もいるでしょう。ところが実際は正反対で、ビジネス利用、特にブルーカラーの人たちは、観光客でいっぱいのホテルより、こういうホテルのほうがいいわけです。むしろ賑やかな観光地は避けます。

そもそも京セラやワコール、ニデックなどの大手企業は京都駅の南側にあります。そういった企業に仕事で出張に来る人は、南側のほうが利用しやすいのです。これらのことは大統領先生から教わっていたことではありませんでしたが、まさにそのとおりでした。当時、先生がビジネスホテルは新しい宿泊の形だと言っていたのですが、本当に新業態なのです。

しかしすべて計算ずくでやってきたわけではありません。一番肝心なのは、私自身に接客の仕事をしたいという強い思いがあったということです。人とかかわるのが苦手な人であれば、毎日何十人という人をお迎えする仕事は、苦痛でしかないでしょう。365日、24時間稼働ではしんどいという人も向いていません。

何のビジネスをはじめるにせよ、人間の資質というものが重要です。私はまだホテルができていない頃から、お客さんの電話を受けるたびに、嬉しくて、楽しくて仕方がありませんでした。お客さんのためにどのようなおもてなしをしてさしあげるかを考えるのが楽しいのです。だから自然にこんなサービスもしてみたいと頭に浮かんできます。

接客業やサービス業というのはやはり、人とかかわることに喜びを感じ、サービスすることに生きがいを感じるような人でなければ難しいと思います。私は、メッキ工場で働いていたときには感じることがなかった、ワクワクした気持ちをビジネスホテルに感じていたのです。

「自分ひとりを喜ばせるのと、
みんなで喜ぶのとでは、
その喜びの質と量が全然違う。」

第2章

苦労がない道はつまらない

40歳の頃。
子どもを3人抱えての転身だった

京都プラザホテル本館（左側の細長いビル）と新館

開業一年間は、ほとんど休日がなかった

1996年（平成8年）、ホテルの建築が完了し、内装・設備も整いました。そして4月15日、「京都プラザホテル」がオープン。この日は父の9回目の命日です。父が興した家業を引き継いでいるとの思いから、この日を選びました。

当時、京都駅の南側の八条口にいくつかホテルはありましたが、どれも観光客向けの施設です。ビジネスホテルは九条通沿いにある「京都第一ホテル」のみ。私たちは二番手でした。

華やかな駅の北側に比べて、南側はまだ町工場が立ち並ぶ地味な地域でした。京都に来た人がわざわざ八条口側に泊まることがイメージしづらい頃で、本当にこんなところに人が泊まりに来てくれるのか。そんな不安があったのも事実です。

しかしフタを開けてみれば滑り出しは順調そのもの。オープン当初から予約は快調に埋まっていき、翌5月の稼働率は70％まで上がりました。6月は70％を超え、8月には80％を超えるという盛況ぶり。損益分岐点が65％でしたから、それを上回る稼働率とな

り、理想的なスタートを切ることができました。

とはいえ、初めて挑むホテル業は大変なことの連続で、スタート時は従業員も少なく、しかも仕事がわかっているのは研修を受けた私だけ。最初の2週間はコンサルタントの担当の方もついてくれましたが、それ以後はひとりで回していかなければなりません。オーナーの私が支配人であり、フロント兼任です。「いらっしゃいませ。お部屋は3階でございます」と、私がやっていたのです。名刺には「支配人・清水幸雄」。誰も社長とは思いません。

朝8時にはホテルに行って、チェックアウト等のフロント業務を終えるとオフィス業務をして、夕方からは新しいお客さんのチェックイン業務。それがひと段落するのが夜9時ごろ。それからようやく家に帰るという毎日でした。

家に帰ってやれやれとひと息つく暇もなく、ホテルから電話がかかってきます。「客室のエアコンが動かないと、お客さんから連絡がありました」、「熱いお湯が出ないそうです」などと、ほぼ毎晩、電話がかかってくるわけです。

「わかった、わかった」と言って、またホテルに戻って制服を着て、客室のエアコンを見たり、夜中にボイラシステムや配管の具合を確認します。それだけではありません。従業員が不慣れな間は、「社長出せ！」となることもあります。連絡を受けるとすぐに駆けつけて、「申し訳ありません。すみません」と頭を下げます。

クレームと設備のトラブルで呼び出されて、おちおち寝ることもできません。まったく経験のない商売を一からはじめたら、最初はトップが全部自分でやらなければならないわけです。ホテルはコンビニと同じで24時間稼働していますから、ほんまに因果な商売やと思いました。

なかでも苦労したのは、スタッフの確保です。ホテル従業員は就業時間が2つに分かれます。ひとつは朝9時から夕方5時までの日勤。もうひとつは、夕方5時から翌朝10時までのナイト勤務です。ナイトは1回の勤務時間が、途中3時間の仮眠が入るものの、17時間。ハローワークで募集してもナイトを希望して来てくれる人はなかなか集まりません。そのためオープンしたての頃は、フロントスタッフ10人程度でシフトを組んでいました。その他に掃除やベッドメイキングをしてくれるご婦人方が20人くらい。それで24時間、シフトを組んで回していくわけです。ホテルに常時入れるのは3人程度という状況でした。

組織らしいこともできないし、ましてや社員教育など手が回りません。そんな中で私がキーになって動かなければならないわけですから、休みらしい日などありません。本当に零細企業ですから人も足らず、右往左往する毎日でした。

逆に言えば、それだけ毎日、たくさんのお客さんが来てくれていたわけで、嬉しい悲鳴でもあったのです。

京都という場所でビジネスホテルにニーズがあったということです。今のように京都が世界から注目されてもいなければ、インバウンド客もいない時代にそれだけの潜在需要があったわけです。目論見どおりでした。客層はビジネスマンが中心でしたが、観光で来た人がタウンページで見つけてくださることもありました。

価格は1泊六千数百円。当時、京都第一ホテルさんが1泊6800円で出していましたので、それを参考にコンサルの先生が相場を見て、一緒に考えてくださいました。

それにしてもオープン以来、息つく暇もないほどの忙しさです。ピークは10月、11月。紅葉の季節です。11月は本当に一日も休めませんでした。さすがに疲労も極限に達し、精神的にもまいってしまいました。

これはたまらんと、ピークが過ぎた12月に、北海道の友人のところに3日ほど遊びに行きました。こうなったら遠くに逃げるしかないと、飛行機に飛び乗ったのです。こうでもしないと、体も心ももたないと思ったからです。4月にオープンして以来、休みらしい休みはそれが初めてでした。北海道に住む友人は、急に私が会いたいと冬の北海道まで来るからには、よほどの問題を抱えているに違いない。だとすると、ホテルの経営に行き詰って金の無心に違いないと思っていたそうです。事情を知ってほっとしていました。

こうして最初の1年間は毎日働きづめの状態でした。しかし毎月のように、7割、8割と客室が埋まってくれたおかげで、創業期に資金繰りで苦労せずにすんだのは幸いなことでした。

天職のヒントは「幼い頃好きだったこと」

ホテルがオープンしてから、肉体的にはきついことの連続でしたが、これでやっと飛び立てる！と心躍る思いでした。

以前と何が違うかといえば、お客様が直接、「ありがとう」と笑顔で言ってくださることです。私にとってこんなに嬉しいことはないと感じました。

もちろんメッキ工場の仕事も誰かのお役に立ってはいたでしょう。うちの工場で手がけていたのはデパートの陳列器具でした。ハンガーやワゴンなど、商品のディスプレイ用の什器類です。それらにメッキ加工と金属塗装をして納めていました。それらが百貨店で使われていたのは知っていましたが、うちは二次請け、三次請け。実際に使っている人からお礼を言われることはついぞありませんでした。

それがホテルでは直接、エンドユーザーから笑顔でありがとうと言ってもらえる。気持ちはまるで違います。しかも京セラ、ワコール、村田機械といった大手企業の人たちが泊まりに来てくれます。メッキ工場時代にそんな日本を代表するような会社とかかわることはありませんでした。アンケートにも「ここに泊まって本当によかった」と書いてくださる。感動のひと言です。この仕事にしてよかったとつくづく思いました。

私は幼い頃からサービス業は楽しいと思っていました。母の里が酒屋をしていまして、お店の前にバス停があり、バス会社に頼まれて切符の販売を任されていたのです。私はその切符を売るのが好きで、よく手伝わせてもらっていました。お客さんが来て、「○○まで」と言う。すると私が「30円です」などと言ってお金をいただいて「どうも」と挨拶をする。それが楽しくて楽しくて。対面販売というのに何とも言えない楽しさや魅力を感じていました。盆と正月に藪入りで母が実家に私を連れて帰ってくれるのが楽しみでした。

ホテルの経営者になって、フロントでお客さんと挨拶を交わしてお代をいただくというのは、自分にとっては天職だと思います。だからこそ自分はようやく飛び立てたんやと実感することができたのです。

もちろん7億円の借り入れがありますから、楽しい、嬉しいとばかりは言っていられません。65歳になるまで返済を続けて完済しなければいけないのですから、長い道のりです。ですからオープン当時はこの一軒のホテルを成功させるのが自分の人生の目的だと思っていました。2号店、3号店を手がけるなんて夢にも思っていませんでした。

7億円の借金があるのに2号店なんて…

京都プラザホテルはその後も好調を維持し、稼働率は年間を通じて8割を超え、月によっては9割を超えることも珍しくありませんでした。稼働率が9割ともなれば、京都にもうひとつや2つホテルをつくらなければいけないと今ならすぐに決断できるのですが、その頃は想像することはあっても行動に移すことはできませんでした。

110室もある今のホテルに加えて、新しく100室などのホテルをつくっても、毎日人で埋める自信がなかったのです。当時はまだ京都市内のホテル・旅館も少なく、怖がる必要もなかったのですが、再び何億円も借り入れをして、人を増やしてやっていく気にはとてもなれませんでした。もし他につくるとしても、京都以外のところがいいだろうと思っていたのです。

そんな弱気な私の気持ちを揺るがしたのは、前出の〝ビジネスホテルの大統領〟でした。

「パナソニックが大型テレビのプラズマディスプレイを生産する大型工場を、2005年に尼崎に建設する計画があるから、尼崎が有望だ」という耳よりの情報を届けてくれたのです。その工場建設のニュースは新聞やテレビで大々的に取り上げられ、全国でも知られるところとなりました。大きな工場ができれば、それに関連する人たちのホテル利用が見込めます。明確なビジネスチャンスです。しかし私の腹が据わりません。というのも7億円の返済の上に、さらにお金を借りてとなると、自分が想定していたスケールを超えてしまいます。

そもそも私にとって京都プラザホテルは家業であって、それで家族が養えて、65歳までに借金を完済できれば、私の人生は万々歳だとしか思っておらず、それ以上の野心もありませんでした。しかしそんなスケールの小さな私に、〝大統領〟がこう言ったのです。「椅子は4脚あるでしょう。だから安定しているんです。ビジネスホテルもひとつでは倒れる。2つ、3つ、4つと持ってこそ、経営が安定する」と。

こういう話は以前からされていたのですが、私には夢物語だと思っていました。そんな大それたことは考えず、まずはこの京都プラザホテルで食べていかなあかんと思っていたわけです。自分には今の借金を返済するだけで精一杯だと。

しかし、おかげさまで一軒目のホテルが順調で、オープンして6年たっていましたから、そろそろ考えてみてもいいのかなと少しずつ心が傾いていったのもこの頃です。

幼い頃、うちのメッキ工場のすぐ近くに、松下電器産業（現：パナソニック）の大きな電球工場があって、それを見て育った私には親しみもありました。それもあって、パナソニックについていこうかという気持ちに傾いていったのです。

尼崎での開業は大正解だった

試しに尼崎周辺の物件を探してみたところ、ひとつ目ぼしい物件が見つかりました。そこは阪神尼崎駅の近くで、昔からあった古いホテルが銀行管理になったものを地元の不動産屋さんが競売で安く競り落とした物件とのこと。

その不動産屋さんは、自社に運営ノウハウがないから、運営会社を呼んで営業しようと考えていたのです。そこは104室のホテル物件で、契約条件として家賃が年間5000万円（月額約400万円）、13年の賃貸借契約です。尼崎という土地柄を考えたら、オーナーにとっては高利回りです。私も、建設費の借り入れをすることもなく、2号店が開業できるということで、契約を決めたのでした。1996年に京都プラザホテルを開業して6年たった後の方針転換です。

最初、物件を見に行くと工事中の網が破れているところがあって、中で鳩が飛んでました。こんなとこ大丈夫かいなと思いましたが、業者さんがうまいこと改装してくれてすっかり綺麗にしてくれました。気がかりなことといえば近隣説明会です。京都での悪夢が蘇ってきて、気が重くてたまりませんでした。

ところが開催してみると、京都のときのように揉めることは一切ありませんでした。もちろん特にご迷惑をおかけするようなところには、個別対応しましたが、それ以上のことはありません。私としては京都であれだけ揉めたから、尼崎はもっと大変かと思っていたのですが、あっさりしたものでした。結局、2、3回で終了しました。

今日まで合計10施設をオープンしてきましたが、近隣との揉め事や反対が起きたのは京都だけでした。京都というのは、一筋縄ではいかないところだということがよくわかりました。

それはともかく、京都プラザホテル開業から9年後の2005年に「尼崎プラザホテル」をオープンしました。

いざはじめてみると、大正解でした。オープン直後からずっと満室が続いたのです。2つ目なんて無理だと思っていましたが、胸をなでおろしました。思惑どおり、工場従事者の人たちが気軽に泊まれる宿として、とても喜んでいただきました。思い切ってやってよかったと思います。

その後、プラズマテレビは液晶テレビに押されてシェアを失い、パナソニックは撤退してしまいましたが、うちのホテル事業には大きな影響もなく、ずっと好調に推移していました。しかしこの尼崎プラザホテルはその後、事情があって移転することになるのですが、それについては後で触れます。

次は姫路や！「工場の近く」に商機がある

2つ目の尼崎プラザホテルがうまくいったことで、私も自信がつきました。それまで複数展開など無理だと思っていましたが、経営方針を転換して、ビジネスチャンスがあれば挑戦していこうじゃないかという気持ちに切り替わったのです。

そうこうしているうちにパナソニックが今度は姫路に、液晶ディスプレイの大きな工場をつくるという情報が入ってきました。姫路は播磨臨海工業地帯があり、日本製鉄などの大手製鉄所や、大阪ガス、発電所などもある一大工業地帯です。そこにパナソニックの工場が入るという話を聞いて、「次は姫路や！」と物件を探しはじめたのです。

姫路には瀬戸内海沿いに浜国道という幹線道路があります。そのロードサイドにあたりをつけて探したところ、ちょうど郵便局が移転した跡地で６００坪の土地があり、近々入札があることがわかりました。地価を調べてみると、坪30万円くらいの場所です。６００坪なら１億８０００万円が相場。おそらく他社もそのあたりで入れてくるだろうと予測しました。

そこでゲンを担いだのです。私は昭和26年2月6日生まれ。昔から2と6が好きで、そのときもふとそれを思い出して、１億８２６０万円で入札したのです。これが功を奏して見事落札できました。二番手は案の定、１億８０００万円だったそうです。

無事に土地を購入することができましたので、そこに１４８室を備えたビジネスホテルを建て、２００９年にオープンしたのが「ホテルアストンプラザ姫路」です。プラザホテルではなく、「アストン」という名前を加えた、これまでと違うラインの名前です。

なぜここで名前を変えたのかというと、近くに「ホテル姫路プラザ」というホテルがあり、そのオーナーさんから「同じ名前はつけんといてや」と言われてしまったからです。もちろんうちとしては「姫路プラザホテル」にしたかったのですが、そのホテルさんは歴史がある老舗で、似たような名前をつけられるのを嫌がったのです。

そのホテル姫路プラザを見にいったところ、部屋数はそこそこありましたが、かなり老朽化が進み、外観もあまり手を入れていません。こちらも一緒にされたらかなわんなと思って、新しい名前を考えることにしたのです。しかし「プラザ」はやっぱりつけたいわけです。他に何かないかなと考えて思いついたのが「アストン」でした。

私はもともとクルマが好きで、特に当時はイギリスのアストンマーチンというクルマが好きでした。それで「アストン」という名前を思い浮かべたのです。

世界規模の名ホテルというと、ヒルトンとかシェラトンと、「〜トン」という名前が不思議に多い。ホテルの名前としては音がまずいいなと思ったわけです。それと、いつかはアストンマーチンに乗ってみたいという、夢を感じさせるものだし、まだ誰もホテルでこの名前を使っていないということで候補にあげました。

そこから英和辞典で「アストン」という言葉を調べてみたら、びっくりさせる、おどろかせる、という意味があることがわかりました。これもホテル名としてはいいということで、「ホテルアストンプラザ」という名前に決めたという経緯があります。単純な発想からつけたものですが、気に入っています。

ホテルアストンプラザ姫路の建設期間とパナソニックの大型工場の建設期間はちょうど重なっていましたが、ホテルのほうが早く完成したことで、工場の建設関係の方々が利用してくださり、初期段階から稼働率も高く、苦労することなしに軌道に乗っていきました。

工場近くにホテルをつくるとなぜ利用者が多いのか。基本的には工場内の設備にかかわるメーカーさんが利用者の大半を占めます。工場内にはさまざまな種類の機械が使われていますから、工場への導入の際はもとより、その後のメンテナンスや故障への対応で、担当者が各地から工場を訪れます。そういう人たちが出張で来た際に利用してくださるのです。特に、工場が稼働しはじめたばかりのタイミングでは、各機械メーカーやシステム関連の人たちが工場に貼りついて様子を見ますから、私たちのホテルに滞在してくださるわけです。そのおかげで、アストンの名前がついた初のホテルはロケットスタートを切ることができました。

攻めの姿勢で、怒涛の開業ラッシュ

2005年に尼崎プラザホテル、2009年にホテルアストンプラザ姫路と、兵庫県に2つのホテルがオープンした後、いよいよ京都に目を向けることになりました。

メッキ工場があった場所に建つ、今は本館と呼んでいる京都プラザホテルの真隣にあった「洋服の青山」が移転することになり、その土地を保有する不動産会社を訪ねて、隣の土地を分けてもらえないかと交渉してみたのです。

不動産はこちらが熱心に欲しがるほど値段が吊り上がるのは百も承知でしたが、経営は順調でしたから少々高くても欲しいと思ったのです。何度もお願いにうかがっていたところ、売ってもいいという話になりました。1坪130万円と当時の相場からすると少し高めではあったものの、迷わず購入を決めたのです。その土地も今や1坪600万～700万円。結果的には安い買物になりました。以前から京都でもうひとつ増やしたいと思っていたところだったのでまさにグッドタイミング。それもまさか隣が空くとは思いませんでした。本館の稼働率は変わらず8、9割と高い水準を維持していましたので、そこから急きょ新館の建設工事にとりかかり、姫路をオープンした翌年の2010年に「京都プラザホテル新館」としてオープンしました。

さらに翌年の2011年には大阪の守口市に「大阪守口プラザホテル大日駅前」をオープン。そこは銀行から紹介された物件で、もともとあった大日ターミナルホテルを買いとって開業しました。2009年から3年連続でオープンしたわけです。そして、2017年には「ホテルアストンプラザ関西空港」も開業。まさに攻めの姿勢でした。

それからしばらくして、ちょっとした問題が起きました。契約期間の期限が迫っていた尼崎のホテルで、契約が更新できないことになったのです。前にも触れたとおり、尼崎はオープン直後から調子がよくて、その後も稼働率は高いままだったことから、何度も「継続してやらせてほしい」との申し入れをしていました。ところが、オーナーさんも私らのやっているのを見て「ビジネスホテルはよう儲かるみたいやな」と思っていたようで、「自分でやるから次の契約はしない」と言われたのです。契約期限まであと2年と迫っていた時期だったものだから、慌ててしまいました。いくら契約とはいえ、せっかく尼崎で11年間、お客さんをつかんでやってきたのに、それを取り上げられて「はい、サヨナラ」というのではあまりにもったいない。阪神尼崎駅の近くで不動産を探しはじめると、ちょうどいい場所に空いている土地が見つかりまして、交渉したら即OK。今度は自社で土地を購入して、そこに建物を建て、自社の持ち物として新しいビジネスホテルをつくりました。それが2019年8月1日に新築移転オープンした「尼崎プラザホテル阪神尼崎」です。

それまでのホテルは部屋数が104室でしたが、新築移転オープンした尼崎プラザホテル阪神尼崎は150室と多くて、大浴場もついています。銀行さんも一発OKで融資を決めてくれまして、とてもスムーズにオープンまで漕ぎつけることができました。

それまで営業していたホテルを、従業員みんなで掃除をして、綺麗にして出て行きました。オーナーさんもそのまま営業できたら嬉しいですやん。私らにしてもどうせ客室のベッドも机も、新しいホテルでは使えませんから、そのまま差し上げますよと全部置いてきました。実際にオーナーさんは、名前を変えてビジネスホテルをやってはります。

出ていくときには新しいホテルはまだ建設中だったので、完成するまでの間、尼崎の従業員の人たちには、京都の本館と新館で仕事をしてもらうことにしました。今思えばいい人材教育期間になったと思います。1年ほど京都でしっかり仕事を覚えてもらった後、尼崎にできた新築ホテルに移ってもらいました。

そこに新型コロナが襲ってきた

2010年代に入って京都の様子が変わってきました。政府が観光立国ニッポンを謳いはじめたことで京都が世界的に有名になり、年々インバウンドが増えていったのです。気をよくした京都市長が、言わんでもええのに「京都はまだ部屋数が足らん」と言うたもんやから、ホテルの数もどんどん増えていきました。

京都にはそれまで2万室程度のホテルや旅館がありましたが、そんな市長の発言から一気に4万室まで増えました。気づけば、市民の生活もままならないほどのオーバーツーリズム。うちも部屋数を増やすことを検討せざるをえなくなったのです。

その頃、コンサルの先生から新しい話がもちかけられました。それが九条通に面した物件です。その物件は、パチンコ店を経営する企業が、自社で保有する土地を活用するため、ブームに乗って建てたホテルでした。ホテルにするのが一番利回りがいいと見込んでのことです。私のコンサルの先生がそのホテルもコンサルをされたということで、私にホテルの運営をしないかと繋いでくれました。賃貸物件としてそこに入る業者を探しているというのです。そのホテルは部屋数が82室と小ぶりで、ツインの部屋が半数あり、ビジネス向けとしてだけでなく、観光客にも対応したホテルです。

契約の条件は年間賃料5000万円。最初の尼崎のホテルが104室で年間5000万円だったことを考えると、強気な家賃設定です。しかし京都にはインバウンド客があふれかえっているような状況でしたから、やっていけるだろうと判断して契約を決めました。それが２０２０年３月26日にオープンした「京都プラザホテル京都駅南」です。

　ところがオープンした途端、新型コロナウイルス感染症が世界中で拡大。観光目的の予約はキャンセルが相次ぎ、ビジネス利用の予約もまったく入らない状況になってしまいました。それでも契約した以上、毎月の家賃４００万円を払わなければなりません。もしこれが「京都駅南」だけのことならまだなんとかなったかもしれませんが、グループすべてのホテル事業が壊滅状態ですから、これは大変なことになったと思いました。私にとっては１９９６年に最初のホテルを開業して以来、初めてのピンチです。これではどうしようもないと、コロナが収束するまで家賃を下げてほしいと泣きついたのですが、あかんと言われました。

　その後、政府は家賃補助の臨時措置をとりましたが、小規模な事業者が対象であったため、うちは当てはまりませんでした。ですからその後の３年間、ずっと持ち出しとなってしまいました。

グループの中でも大打撃を受けたのは、ホテルアストンプラザ関西空港です。関西空港を使う人が激減して、稼働率が15~20%という有様ですから、話になりません。

しかもタイミングが悪いことに、その年の10月には大阪の堺市に「ホテルアストンプラザ大阪堺」がオープン。翌年の2021年には広島の海田市で「ホテルアストンプラザ広島海田市駅前」のオープンを予定していました。

堺のホテルは、守口と同様、銀行から紹介してもらった物件で、コロナの前から準備を進めていたため、途中で止めるわけにもいかず、オープンせざるをえません。

他にも、コロナ前からの開業計画がいくつも進んでいました。ホテルアストンプラザ広島海田市駅前は2021年2月16日にオープン。さらに2022年には南紀白浜でグループ初となる温泉旅館「南紀白浜　和みの湯　花鳥風月」を開業し、翌年の2023年には京都十条に10軒目のホテルをオープンするという、時節を無視した攻勢に出ていったのです。

広島海田市のホテルと南紀白浜の温泉旅館については後ほど触れますが、いったいなぜ大ピンチのさなかに規模拡大を続けることになったのか。次の項目で説明します。

コロナ禍の3年間、黒字をキープできた理由

2020年春のコロナ拡大から、実質上の規制解除となる2023年5月までの3年間、来客数は激減し、ホテル事業は完全に赤字でした。

しかし会社全体ではなんと一度も赤字になることはなく、わずかながらですが黒字で終えたのです。奇跡的や、と銀行さんにもえらい褒めてもらいました。

コロナ禍では観光業全体が苦境に陥り、ホテル・旅館の多くが赤字に転落しました。もともと経営基盤が脆弱だったところから、バタバタと潰れていきました。そんな中でなぜ京都プラザホテルズは黒字でやってこられたのか。ネタばらしをしますと、会社が好調なときから少しずつ、不動産投資を行っていたからです。今、注目の区分所有オフィスです。保有する不動産から毎月、テナントやオフィス賃料が入ってきたおかげで、ホテル事業の赤字分を補填することができたのです。

区分所有とは、一棟丸ごとでは200億～300億円するようなテナントビルのワンフロアだけを購入する仕組みです。私は東京の一等地に3億円程度の物件を7つほど保有していたのです。

こうしてネタばらしをすると、資産があればそらコロナでも余裕やったやろと簡単に納得されては困ります。私がなぜ好調なときに、せっせと東京の一等地の不動産に投資していたのか。そこを理解してもらいたいのです。

不動産を持てたのは本業のホテル事業がずっと儲かっていたからですが、単なる「財テク」としてやっていたわけではありません。不動産投資をはじめたのも、メッキ工場時代の苦しい経験があったからです。もちろんコロナが来ることは想像もしていませんでしたが、メッキ工場でずっと苦労してきましたやん。儲かることは当たり前ではない、商売とはそういうもんや、と痛感してきたから、副収入を確保していたわけです。

ほんまにメッキ工場は儲かる仕事ではなかったんです。工員さんに毎月の給料を払うと、自分の給料が取れないことはよくありました。何ケ月も給料をもらえないこともしょっちゅうで、へたしたら持ち出しもしなければなりませんでした。そんなときにどうやって暮らしていたかというと、工場の土地は清水個人のものだったので、会社から毎月の地代を50万円もらい、それでなんとか生活が維持できたのです。オーナー社長というのは、苦しいときには本業で給料をもらえないもんやということを、骨身に沁みて知っていたのです。

おそらく多くの中小・零細企業の社長さんが、以前の私のように自分の給料をカットしてでも従業員の給料を払ったことがあるでしょう。自分の会社を持つということは、いつ本業で給料をもらえなくなるかわからんもんやということを、嫌というほど経験していました。だからこそ自分の食い扶持くらいは他から得られるようにしとかんとあかんということを学んでいたのです。

メッキ工場を畳むときも、最初に銀行に相談したのはそのことでした。ちょうど祖父の代から持っていた長屋形式の借家があって、それを私が相続していました。ホテルをやると決めてから、その長屋を店子のみなさんに買ってもらって、そのお金と銀行の融資とで小さなマンションを一棟買いました。それで毎月１００万円くらいの家賃収入があり、銀行さんに60万~70万円を返済しても、20万~30万円が残ります。そうやって、本業で給料がもらえなくても、自分の食い扶持はなんとかせないかんと、当たり前のこととしてやってきました。

商売とは、儲かったら必ず反動がくる

先ほども言いましたが、まさか感染症が世界で蔓延するなんてわかるはずもない。ただ、儲からないということをずっと経験してきたからこそ、儲かったらその後に反動がくるとわかっていただけです。

この章でずっとホテルが増えていく経緯をお伝えしたとおり、最初のホテルから商売としてはえらいうまいことといって、資金繰りで困るようなことも一切ありませんでした。しかし心の中では常に、こんな好調がずっと続くことは絶対ないと思っていました。自然の法則に照らせば、必ず波がある。いいときがあれば、必ず悪いときも来る。ないほうがおかしいと思っていました。

ふりかえれば、最初のホテルの建設がはじまる1995年の1月には阪神淡路大震災が起きました。阪神地方は観光どころではなくなりましたが、京都のこのあたりは無事で、予定どおり工事ができました。しかし2011年3月11日には東日本大震災。原発が事故を起こして、外国人観光客の姿は消えました。その後のコロナです。

予期しない苦難は数年ごとに起こっています。いつまでも儲かり続けるわけがない。だから儲かっているときこそ、備えておかなければならないのです。

都心の一等地に目をつけたのは、人とのご縁からです。たまたま区分所有オフィスを扱っている不動産会社「ボルテックス」の本部長と出会い、その人と馬が合いまして、いろいろと教えてもらいました。そして、世界の大都市の中でも、東京一等地の不動産は非常に有望だということを知りました。一等地とは、山手線の中のエリアです。住所で言えば、港区、中央区、千代田区、渋谷区、新宿区です。ちなみに一等地でなければダメです。なぜかと言うと一等地は売りに出せばすぐに買い手が見つかるからです。それも売り手が望む値段で売れます。それほど東京の一等地は世界の人が欲しがっているのです。そういうことを教えてくれる人に出会えたことで、銀座、白金台、茅場町、本郷三丁目、九段下、四谷、高輪と少しずつ購入していったのです。銀座などはもう売り物件が出ていません。非常にいいタイミングでした。ホテルの数を増やしつつ、一方ではこうして備えのために不動産を保有していったわけです。

しかし東京の一等地に不動産を持っていたら安泰かというと、それもわかりません。東京は30年以内に直下型大地震が起こる可能性が、7割とも8割とも言われています。この先、どうなるかわかりませんやん。世の中というのはそういうものやと思っておかなければいけないし、備えておくのが大事なのです。

「商売は必ず、
浮くときも沈むときもある。
自然の四季がめぐるようなものだ。」

コロナでも予約が殺到する「立地」はあった

前述したように、2010年代の終わりくらいから毎年のように新しい宿泊施設をオープンしてきました。初めて関西圏外に進出したのが、2021年2月に新築オープンしたホテルアストンプラザ広島海田市駅前です。広島には、以前から出店したいと思っていました。ヒロシマとして世界に知られ、原爆ドームと宮島の厳島神社という2つの世界遺産があり、自動車のマツダの本拠地でもあります。また私の次男の嫁さんが広島出身なので、そういう意味でも行ったり来たりすることも多く、親戚がいる町ということで親近感もあります。

商圏で見れば有望なのは福岡です。いつか福岡に進出したいという希望はありますが、まだうちには福岡は遠すぎる印象です。それに比べて広島なら新幹線で1時間50分。何かあっても駆けつけられます。そういうことから10年ほど前から広島に出店することを考えていました。

ただ広島は地価が高いうえに、山が海に迫っていて平地は少ししかない地形です。山から海が近いと災害のリスクも高く、なかなか進出の目処が立たなかったのですが、ようやくいい場所が見つかったので決断しました。

進出計画を立てたのはコロナ前のこと。建築中にコロナになってしまいましたが、動き出していましたから、オープンしなければ仕方がない状況でした。

場所は海田市というところ。読み方は「かいたいち」。広島駅からJRのローカル線で東に3駅行ったところにあります。広島駅の周辺の土地は坪500万~600万円と、ものすごく高くて、とてもそんなところにはいけません。零細企業の私たちが狙うのは一坪100万円まで。自分で買えるところを探すのです。

広島を調べてみると、広島駅からローカル線で2つ行ったところに向洋という駅があり、そこにマツダの本社工場があります。その周囲はマツダの城下町で一大工業地帯ですから、工場関係者を主な客層とするうちにとっては好条件です。

ただ向洋駅周辺も一坪100万円以上です。ところがもう一駅先の海田市という駅の周辺なら100万円を切ることがわかりました。そこで探してみると、ちょうど駅の近くに200坪ほどの土地が見つかりました。そこは土地の形も悪いし、国道から何メートルも下がっていたため、坪85万円程度で買うことができたのです。しかもマツダの本社工場のある駅から一駅東に行くだけという立地。それで20万円も坪単価が安くなるわけです。一駅といえば電車で数分。これなら大きなハンデでもなさそうだということで開業を決断しました。

コロナ真っ只中のオープンで、しかも町の中心部からもマツダの工場地帯からも少し外れたところにあるためどうなることかと心配はしていたのですが、開けてみるとまさに入れ食い状態で予約が入ったのです。一駅くらい離れていてもまったく関係ありませんでした。

利用者の方々は、よくぞここにホテルをつくってくれたとみんなとても喜んでくれまして、近隣企業がわざわざホテルにパンフレットを取りに来られるようになりました。私も驚きました。それと同時に、初めての土地で地域に貢献できたことに、誇りと喜びを感じることができました。たとえコロナであっても、必要としてくださる場所であれば喜んで来ていただけるのです。広島でも「ありがとう」との声を直接いただけたことで、幸せな気持ちを味わっています。

本格的な旅館をやる夢へのチャレンジ

令和に入ってから、私の心の中にひとつの野心が芽生えました。それは高級旅館を手がけてみたいとの思いです。年齢的には60代も半ばを過ぎていましたが、歳を重ねるごとにやりたいことは増えるばかりです。特に旅館はずいぶん前からやってみたいと思っていました。しかしビジネスホテルと旅館ではまったく別物だと理解していましたし、身近に専門のブレーンなどもいませんでしたから、私にとっては夢か幻かというくらい遠い世界だと思ってきたのです。

ところがまったくの偶然から、旅館を一緒にやりたいと言ってくれる人が現れたのです。その人はJTBの関連会社で宿泊施設にカミソリとか歯ブラシなどを販売している会社の元社員だった石田勝己《かつみ》氏さんです。長年、うちのグループのホテルに備品を納入してもらっていたので、互いによく知る間柄でもありました。その人がもといた会社を退社された後、しばらく会っていなかったのですが、あるとき、たまたま私が訪れた営業先でばったり会いまして、それをきっかけに親しくなりました。

石田さんはもともとトヨタ自動車の車販売のトップセールスマンでしたが、前から旅館のコンサルをしたいと思っていたというのです。全国規模でホテル、旅館に商品を販売する会社の所長さんですから、全国の宿泊施設をごぞんじです。その豊富な経験から、成功する旅館経営や従業員のあり方などがわかるというのです。そして旅館をやるなら私に手伝わせてくれませんかと言ってくれました。じつは私も小規模でいいから、いつか旅館に挑戦したいと思っとったんやという話になり、長年胸に秘めていた思いがむくむくと頭をもたげてきたのです。

石田さんによると、旅館なら南紀白浜と下呂温泉に3、4か所、目ぼしいところがあるとのこと。関西の人なら旅行先に南紀白浜を選ぶことは多いので、一番自信があると言われるのです。

私はお客さんが感激して涙を流してくれるような旅館をやってみたいと思っていました。サプライズがあり、「え、そこまでやってくれるの！」とびっくりしてもらえるような空間、サービス、接客、食事を提供する宿を手がけてみたかったのです。

そんな夢を語ると、石田さんもまったく同じイメージを持っていたことがわかり、「そういうのができたらいいですね！」と、意気投合したのです。彼は地元の業者さんもよく知っており、ブレーンになってくれたら、こちらも心強い。「もし社長が出資してくれるのでしたら、僕は一生懸命やりますから」と言ってくれました。それを聞いて「よし、一緒にやろうか」ということで、こういう人と出会えたのもご縁だと、南紀白浜で本当に小さな旅館に挑戦しようと決めました。


ところが、ホテルのコンサルタントに相談してみたら即座に「やめとけ」の一言。当然といえば当然です。ビジネスホテルでの接客は、ほぼフロント業務のみ。しかし旅館はそうはいきません。お客様が施設にいる間のすべてのシーンが接客であり、最高のおもてなしが求められます。ノウハウがまったく違います。この世界で働く人なら必ずまったくの別物やと言うでしょう。専門家が反対するのは当たり前のことです。

しかし何としても実現させたい。ということで、コロナ禍の中、周囲の反対を押し切って2022年3月1日に「南紀白浜　和みの湯　花鳥風月」を開業しました。

価格設定は一人単価約3万円と少し高めですが、各部屋に天然温泉がついていて、部屋の冷蔵庫の飲み物はフリーですし、ロビーフロアにおいてある菓子類もどうぞご自由にというスタイル。食事も新鮮な魚介類を中心にした豪華なメニュー。誕生日や結婚記念日などお客様のご要望でサプライズサービスなども用意しています。来ていただければきっと割安だと感じてもらえるサービスと接客をさせていただいています。

とはいえ案の定、最初は苦労しました。ホテルなら1、2ケ月くらいで50％程度の稼働率は見込めて、その後の推移もだいたいイメージできるのですが、旅館はみごとにこれまでの経験が役に立ちません。最初の2、3ケ月は、わずか数室しか利用がなくて、ひと月の売上が500万円とか600万円という状態が何ケ月も続きました。ほんとに旅館というのは、大変やなと思いました。売上で苦労したのは、「花鳥風月」が初めてです。ビジネスホテルの場合はお客さんに知ってもらえば次第に泊まりに来てもらえるのですが、旅館はそうではありません。こちらも宣伝の仕方をよくわかっていなかった面もあるとは思いますが、本当にノウハウが違う感じがします。

もともと半年は我慢しろと言われていましたが、損益分岐点までもってくるのに1年かかりました。旅館のスタッフの人たちも日々、研究と努力を重ねてくれたのです。

そしてオープンから2年、楽天トラベルの口コミ評価が4・8（5点満点）と、南紀白浜で第1位を獲得することができました。さらに、楽天トラベルの「ゴールドアワード2023」と「日本の宿アワード2023」をW受賞する栄誉に輝きました。利用してくれはったお客さんの投稿は、ほんまに嬉しいことを書いてくれてます。それを読んでいますと、ああ、思い切ってやってよかったなあと思います。

メッキ工場をやめてホテルに業態転換をしたとき、直接ありがとうと言ってもらえるのが嬉しかったということは前のほうでも書きましたが、旅館はその最たるものです。お客さんとの距離感もビジネスホテルとは違いますし、ありがとうの度合いが違います。こんなに喜んでもらえるなんてと、スタッフみんなが感激しています。旅館というのは私たちの思いがお客様と通い合い、スタッフもまた感動と感激をいただける場所だと知りました。「花鳥風月」は、当初私たちが思い描いていた旅館の理想に、一歩ずつ近づいています。

この人手不足は、コロナより深刻だ

「花鳥風月」がようやく軌道に乗ってきた頃、2023年9月1日に「京都プラザホテル近鉄十条」がオープンしました。グループとしては10番目、京都では本館・新館・京都南に次ぐ4つ目のホテルとなります。京都に4つというと多い気もしますが、それまでの3つとはまた別の客層を迎えるためのホテルとして開業しました。ここはビジネス利用にも観光客にも対応する点では「京都南」と同じですが、「近鉄十条」はそれだけでなく、団体利用を意識したホテルです。スポーツチームの遠征や修学旅行、研修旅行など、まとまった人数で利用していただくことを想定した施設になっており、大人数で利用できるミーティングルームや大浴場の他、マイクロバスの駐車場も1台分、備えています。以前から団体で利用できるホテルをつくって欲しいとの要望が各所からあり、その声にお応えするためにつくりました。

コロナ禍の中での準備ではありましたが、その頃には政府も翌年からコロナをインフルエンザと同じ5類に引き下げ、外国人の渡航制限や会食等の制限を取り払う方針でしたから、コロナ明けを狙ってオープンしようと準備を進めていたのです。

オープンして半年で、稼働率は75％程度確保できていますから、順調な滑り出しではありますが、人手不足という新しい課題に突き当たっています。働いてくれる人がまったく見つからない。飲食、運輸をはじめ、多くの業種で深刻な人手不足が社会問題になっていますが、観光業界も同じです。オープンまでに必要な人数を確保できない事態に直面しました。これほど人が集まらないのは初めての経験です。

これは本当に深刻な問題です。なぜなら「人」は会社にとって一番大事なものだからです。スタッフさんがいてくれるからこそそのホテルです。社長なんてお部屋の掃除ひとつできません。ベッドメイキングひとつ満足にできないのです。スタッフさんがいるからやっていけるわけで、人が一番大事です。「近鉄十条」は次男が支配人を務めていますが、オープン前もオープンしてからもずっと休みなく働きづめです。そのしんどさが私もわかるだけに、親としては見ていてつらい。かといって私はもう現場を息子に任せていますから、手伝おうにも何をどうすればいいかもわかりません。

若いときの苦労は買ってでもせよと言いますが、これは少し方向が違う。そう思いながらも見ているしかありません。コロナの制限がなくなって、一気にすべてのサービス業や観光業がリスタートしたからでしょうか、人手不足が社会全体に広がっています。それにしてもみんなどこに行ってしまったのでしょうか。人手不足というのはコロナよりも深刻な問題だと私は思っています。

覚悟の事業承継

2022年、私は70歳で長男に社長の座を譲り、会長職に就くことにしました。決して早くはない社長交代ですが、コロナ禍の最中でもありましたから、息子に継がせるのはそれなりの心配もありました。しかし私の年齢を考えれば、このタイミングがいいだろうということで事業承継に踏みきったのです。

もちろんそれで私が経営から完全に退くわけではありません。個人的には生涯、人様のために働きたいと「臨終定年」のつもりでいます。ですから新規ホテルの開発などには積極的にかかわっていますし、本音を言えば、会長になってもこの会社を背負っている責任というのは、何も変わりません。

しかし息子に社長を任せてからの私は、心の内と正反対の態度をとっています。これまでとはもう違うんやという素振りを見せてます。直接社員さんに向かって指示を出したり、教えたりすることもありません。社長の肩書でいたときは、その場でスタッフさんや管理職にも、「ちょっとええか」といってあれこれと指示を出したり、教えたりしてきたのですが、そういうことはしないのです。何か気がつくことがあれば、あとで専務の次男か社長の長男に言う。その場でスタッフさんに言いたいけど言えないというのは、ほんまにジレンマです。しかし誰が見ても「ああ会長はもう社長に任せているんだな」と思われるような振る舞いを貫くしかありません。息子たち2人にも「俺は知らんぞ」という態度です。ほんまの心は違いますけど、そのように装っています。

なぜそんなことをするのかといったら、子どもには苦労させないかんと思っているからです。いろいろと考えてみたのですが、子どもが立派な大人になるよう親がしてやれることは、苦労させることしかない。そう考えるにいたったのです。

私は36歳で父親を亡くしたときに初めて、商売というのは真剣にやらないかんと目が覚めました。父が亡くなるまでは長男やから手伝ってあげようという感覚でした。父を失って、社長になって初めて、これは大変なことだと気づいたわけです。人間として成長しないといかんなということがやっとわかった。だから父親がずっと長いこと元気でいると、子どもはいつまでもその傘の下に入って甘えてしまう、というのは自分が一番わかっています。子どもをしっかりさせようと思ったら、私が早く死ななあかん。もちろん比喩です。ただそれくらいに息子たちがきっぱりと、もう親には頼れないと自覚することが大事なんです。だから本当は私が死ぬのが一番いいのですが、そうはいきませんからね。今、私ができることはとにかく本人に任せる、俺は知らんぞという顔を見せるのが一番やと思ったのです。

特に、うちの息子は2人とも大学を出てすぐにうちの会社に入社しました。私と同じです。本当なら何年かは他人の飯を食べさせて、苦労させたらよかったのですが、2人ともお父さんの会社を手伝いたいと言うてきよった。父親としては嬉しいです。しかし本当はあかんと言わなければならなかった。一回外で働いて来いと言うべきだったと、反省しているところです。

長男も次男もうちの会社で、熱心に仕事をしてくれています。しかし私から見れば甘い。当たり前のことです。こんな言い方は恐縮ですが、父親がホテルで成功して、息子たちは何不自由なく育ちました。裕福な家庭で育った子どもがどのように育つか想像がつくことでしょう。

反対に子どもの頃から貧乏で、お父さんお母さんが苦労している姿を見て育った子はどのように育つでしょうか。もちろん本人の性格や周りの環境にもよりますが、愛情を十分に注がれた子であれば、いつか親に楽をさせてあげたいと頑張る子になるでしょう。これは本当に大事な話です。

じつはその思いが私をメッキ工場からホテル事業に転換するときの動機でもありました。このことは後の3章で詳しく触れますが、獅子は自分の子どもを谷底へ突き落とすと言いますやんか。子どもを立派にさせようと思ったら、甘やかしたらいかんのです。子どもというのは苦労しなければ、立派な人間にはなれないと私は思っています。こんなことを言うと、今の時流に乗った人たちからは時代錯誤だと罵倒されてしまうのでしょう。しかし私は真剣にそう考えています。

日経新聞に「私の履歴書」という連載があります。一代で大きな成功を収めた経営者や、日本で偉業を成し遂げた立派な人物をとりあげて、幼少の頃から亡くなるまでの一代記が、何回にもわたって書かれています。私はこの「私の履歴書」が好きで、昔からずっと読んできましたが、ここで紹介される人物はまず間違いなく、子どもの頃に苦労しています。幼くして親を亡くした、よその家庭に預けられた、母がひとりで育ててくれた、借金取りから逃げるために夜逃げした、戦争で焼け出されてその日の食べ物にも事欠いて……と、必ずといっていいほど、子ども時代の苦労話が描かれています。

幸か不幸かうちの息子たちはそうではなかった。これという苦労もせず、父親の会社に入社しました。息子がうちの会社に入社したときから、いずれは苦労させなあかんと思っていました。苦労させるには何がいいかというと、社長にすることです。「私は知らんぞ」と言わなければいかんのです。もちろんフリではありますが、フリであっても拒絶する姿勢を徹底することが大事だと思っているのです。

人間は自分で苦労してみないと、たとえ親のことであっても本当の心はわかりません。私がこのホテルで大事にしてきた心や思いを、本当の意味で理解することはできないのです。何とかわかってほしいと思っていますが、本人がいかに人として品性を磨いていけるかにかかっています。自分で努力しないと物事が理解する力は身につかない。失敗して苦労してようやく世の中の法則や人のありがたみがわかってくるものです。だからまだ私がフォローしてやれるだけの余力が残っている間に、苦労や失敗を経験させたいと思っています。

あなたは長く広い「繋がり」の中にいる

ここから先は言葉では伝えにくい領域になりますが、私は繋がりということを大事に思っています。親がこの商売をやっていたから、手伝ってあげないかんと思うのは、繋がりという感覚でしょう。これまでに触れてきたとおり、うちの先祖は代官を務めた家柄でしたが時代の移り変わりで家が没落し、祖父が苦労して独立した後に材木屋でそれなりに成功を納め、父親はそこでメッキ工場をやってきたという流れがあります。そして私はその長男として生まれて、家業を手伝ってきたという流れで繋がっています。

今は個人主義の時代で、親や家より個人の思いや考えが一番大事だと言われる世の中ですが、その個人個人にもやっぱり流れというものがあります。それをつかむことが生きていくうえで大切なのです。なぜなら自分のバックボーンを理解することは、その人がよりよい人生を生きるうえで重要なことだからです。

まっとうな親なら、子どもが病気をすれば代わってやりたいと思います。命の危険があれば、自分の命に代えてでも救いたいと思うものです。そういう思いが繋がって繋がって、自分が今そこに生きているということを忘れてはいけません。自分ひとりで大きくなれなくなったわけではないですやんか。人間の赤ん坊は、ほっておいたら自分で大きくなりません。親にオムツを替えてもらって、世話をしてもらって大きくなります。

それなのに人というのは、大きくなるにしたがって、自分ひとりで育ってきたような気分になってしまいます。しかしそれは思い上がりというものです。個人個人の幸せはもちろん大事ですが、同時にそれまでの繋がりも大事にしなければならないのです。

息子たちが「親父の仕事を手伝ってやろう」と思ってくれたのは父親として単純に嬉しい。しかし私には、これで楽ができるという考えはありません。やはり子孫のことを考えないかんなと思うからです。うちの子どもを立派にすることが孫のためにもなります。その孫もいずれ人の親になります。そうやって繋がっていくものだから、そのときそのときの代が、親として子どもをしっかりと育てないといけないと思っています。

もしかしたらそれは私が京都という町に育ったからかもしれません。京都という町は暖簾を大事にします。時代時代の当主には、それぞれ特徴や長所も短所もありながら、ひとつの暖簾を繋いでいくという、繋がりを目にしやすい土地柄です。そのせいか、個人が成功したらそれでいいという気持ちにはなれません。

もともと日本人は親を敬い、先祖から受け継いできた教えやしきたりを大切にしてきました。その繋がりが断ち切られたのは敗戦後です。アメリカの影響で個人を重視する考え方や文化が日本にも広がり、それがすっかり定着しました。今は少し個人主義に振れすぎている気がします。現在の憲法には「家族は大切である」ということは書かれていません。しかし家族が国家の基本であることは昔も今も変わりません。なぜなら国というのは家族の集合体だからです。その家族が揺らいでいては、国の未来は危ういと私は感じています。

長々と私の考え方を書いてきましたが、私が2人の息子に事業を承継したのはそういった考え方であったということです。もちろんまだまだ安心して任せるわけにはいかないので、当分の間、私も寄り添っていくことになります。私自身は生涯、世のため人のために働くつもりでいます。それと並行して子どもを立派な人間にするという大事業も行っているのです。

「人生は自分だけのものではない。
誰でも、長く広い繋がりの中で
生きている。」

第3章
品性が高い会社が生き残る

京都プラザホテル新館1Fで妻と

初めて旅館に挑戦した「南紀白浜　和みの湯　花鳥風月」の部屋と檜風呂

「成功はいいこと、失敗は悪いこと」ではない

この章では、経営理念を含めた私の人生における哲学について述べたいと思います。

ここまでに書いてきたとおり、私は父から受け継いだ家業のメッキ工場を閉め、45歳で経験もないビジネスホテルの経営をはじめました。なぜそのような思い切ったことができたのかとよく聞かれます。「40代からの挑戦」をテーマに話をしてほしいと、講演の依頼を受ける機会も増えました。ホテルをはじめた直接のきっかけについてはすでに説明してきたとおり、京都駅からすぐそばの立地を生かせる商売はないかと考えた結果、これからはビジネスホテルが有望だと専門のコンサルタントの先生から話を聞いたことです。しかし40代半ばで7億円もの借金を背負ってまで、なぜそのような決断ができたのか。これまで本当のところを明かしたことはありませんでした。この本ではその思いを書こうと思います。

なぜ私に無謀ともいえる決断ができたのかといえばまず、一度きりの人生だから、や

りたいことはやっておきたいと思ったからです。後悔したままで人生の最期を迎えたくないとの思いでした。しかしもうひとつ、私にとって重要な人生哲学にもとづく思いがありました。それは生まれてきた意味や目的の捉え方の問題でもあります。ここからは少し宗教めいた話になりますが、少しだけおつきあいください。

私は36歳からモラロジーを本格的に学びはじめ、いろいろなことを教えてもらいました。一方で、中学から大学まで通った同志社という学校がキリスト教にもとづく教育でしたから、聖書を学ぶ機会がありました。そのような背景を持った私が喜びも苦しみも体験してきて、人間は経験を積み重ねるためにこの世に生まれてくるのだ、という考えにいたりました。

人生は修行の場であり、本当のホームグラウンドは別の場所にあるのだろうと思うのです。学校の運動部が合宿をして、厳しい練習や鍛錬をした後、再び家に帰るのと同じように、この世は人間の修行の場であってそれが終われば別の故郷に帰るのだと考えるようになりました。京セラの創業者、稲盛和夫さんといえば生前、仏教への信心が厚かった人として知られていますが、稲盛さんも同じことを言っておられます。

そのような考え方に立てば、この世にいる間は多くの経験をすることが大事なのだと考えます。経験そのものが大切なのだから、失敗したか成功したかは問題ではないのです。失敗も成功と同じ価値なのです。

失敗は本人にとってつらいことですが、たとえば「子どもを立派な人間にする」という観点で見れば、親の失敗は悪いこととは言えません。前章で書いたとおり、日経新聞の「私の履歴書」を読んでも、歴史に名前を刻んだような立派な人の多くは、子どもの頃に病気で苦しんだり、経済的に恵まれない家庭で苦労しています。裕福な家庭に育ち、満ち足りた幼少時代を過ごした、という生い立ちの人は少ない。立派な人間に育つためには、苦労はつきものだと私は考えます。

ホテル事業をはじめるかどうか迷っているときには、子どもの成長を思えば、失敗したほうがいいと思っていたほどです。モラロジーの先生には、人生は0か100かではないと教えられました。はらはらと舞い落ちる落ち葉に表と裏があるように、成功しても50、失敗しても50です。

ほとんどの人は、成功するのがよいことであり、失敗は悪いことだと思っているでしょう。しかし成功も失敗も経験としては、どちらも同じ価値です。「苦労して失敗した」という経験も、私にとって貴重なのです。

こういう考え方を理解していただけたなら、「子どもを立派な人間にする」という観点では失敗したほうがいいくらいだ、という意味をわかってもらえるのではないでしょうか。もちろん私は成功するために努力を惜しみませんでしたが、たとえ失敗したとしても、50：50です。

私が「よしやったろ」と最後の最後に思えたのは、成功しても失敗してもどっちもどっちだという境地にたどり着いたからです。この考えにいたっていなければ、失敗したら困る、家族を路頭に迷わせたらどうしようと怯えるばかりで、とても決断することはできなかったでしょう。その意味で私があのとき決断できた理由は、たとえ失敗しても、自分のため、家族のためになるという考えからでした。

「道経一体」と「品性資本」

何よりも家族が一番大事——という話をすると、違和感を覚える人もいるかもしれませんが、戦前まではむしろそれが常識でした。当時、「家族より自分のほうが大事だ」という人がいたら、周りから「あの人は変わってる」と引かれたことでしょう。敗戦後に、アメリカから個人主義を（私なりの表現で言えば）押しつけられた結果、常識が変わってしまったのです。

今では日本人が古くから大切にしてきた道徳を教える場所はなくなり、個人の損得ばかりが教育の対象になってしまいました。もし日本で戦後もきちんと道徳教育が行われていたなら、日本は和を尊び、礼節と品位を持って、思いやりにあふれた国になっていたことでしょう。そしてもっと強く、逞しく、美しい国になったに違いありません。

第1章で紹介したとおり、モラロジーとは明治生まれの法学博士、廣池千九郎先生が大正時代に創建した総合人間学です。モラロジーの根本哲学は「道経一体」。「道」は道徳であり、「経」とは経済のことです。

人間の生活は精神生活と物質生活の両面から成り立っています。精神生活の法則は道徳、物質生活の法則は経済です。この2つは表裏一体であるということを教えたものです。渋沢栄一は同じことを「論語と算盤」と呼びました。

「道経一体」には3つの意味があります。ひとつ目は、道徳と経済は本来一体のものであり、現実にも一体であるという意味です。現代では2つを相反するものと考える傾向がありますが、そうではなく、長い間、安定的に発展している企業は、必ずその背景に優れた道徳性があります。逆に、どんなに拡大・発展していても、道徳的に問題がある企業は必ず崩壊したり衰退するものです。

2つ目は「道徳と経済は一体であるべきだ」という意味で、どちらかだけに傾くと必ず両方ともが崩壊するという意味です。

3つ目は、「道徳と経済は必然的に一体となる」という意味です。道経一体は自然の法則ですから、たとえ現在、両者がかけ離れていても、いずれは一体のものになるとされています。

このように人間の生活も企業経営も、経済だけ、あるいは道徳だけでは成り立ちません。道徳心がある人のふるまいは「品性が高い」とも言い換えられます。品性が低いのは、自分さえよければいい、という利己主義の人。品性が高いのは、自分だけでなく相手や社会のためになることを考える人。そして社員の品性は、企業の品性に直結します。「資本」という観点で見ると、企業にとってお金の資本も大切ですが、働いている人たちの「品性」も資本なのです。「金融資本」と「品性資本」は車の両輪です。人づくりを重んじ、人間の品性を磨くことが、企業を長続きさせるのです。

京都プラザホテルズも「人づくりのホテル」をめざして、企業の目的は「人づくり」にあると公言してきました。企業の本当の目的は、利益を追求することではなくて、品性ある人を育てること——そういう理念を持ってこれまでやってきたのです。

経営の神様、松下幸之助さんも根本のところでは同じ考え方で、京セラの創業者の稲盛和夫さんも同じです。そして戦後の高度成長期までは、日本の多くの経営者がこの人たちの経営を鑑とし、現在もこの方々に学ぶ経営者は少なくありません。

「三方よし」の経営こそが長続きする

「道経一体」の経営の行動原理が「三方よし」です。「三方よし」とは「自分よし、相手よし、世間よし」という、近江商人の行動原理として広く知られていますが、この言葉を使いはじめたのは、廣池先生と門弟の経営者たちでした。私のホテル経営でも、何か判断を迫られたときに、「三方よし」の道を選ぶことを心がけています。

「三方よし」の経営とは、単に自分と相手と第三者の間で、売上や利益を分けあうということではありません。その意味するところは、みんなで助けあいながら、共に成長して豊かになっていこうというものです。そこに込められているのは、日本人が歴史的に大切にしてきた「和を尊ぶ」という精神です。戦後、行きすぎた市場競争が日本に入り込んでからは、和という考え方が崩れてしまいました。もともと日本では、争って相手を蹴落としたりするより、助けあってみんなで発展しようという発想で商いが行われていたと思います。しかし今は、すっかり弱肉強食の資本主義に飲み込まれ、それとともに行きすぎた個人主義が社会に定着してしまいました。私たちはもう一度、日本人が大切にしてきた「三方よし」の考え方に立ち返る必要があります。

人の生活においても、ビジネスにおいても、自分だけよければそれでいいという考え方は品性がない。自分と相手だけがよいというのも不十分です。地域社会まで含めたみんながよくなるにはどうしたらいいかを考えるべきなのです。

和の精神とは、しょせん人間はひとりでは生きていけないという教えが根本にあります。会社も同じで、自社の力だけではやっていけません。自社の利益だけを考えて行動すれば、必ずどこかで破綻し、潰れてしまいます。いくら高い技術を持っていようと、どれほど営業力に優れていようと、社会に貢献しない会社は20年、30年、40年という長いスパンで見ればうまくいきません。

会社を継続、発展させていくために、利益を出すことは当然必要ですが、それと同じくらい、道徳も必要です。その道徳を示す指針となるのが、「三方よし」の経営です。

会社を永続させるには道徳を身につけ、品性のある人を育てることが重要です。本来はこれが会社の大きな目的なのです。

人間も企業も、大自然の一部

人を育てるというと、京都弁でいうところの会社に「間に合う」（＝役に立つ）社員を育てることだと思っている経営者も多いことでしょう。いつのまにか社員教育が、早く会社の仕事を覚えてもらって、戦力にするだけのものに変わってしまいました。

しかし本来、会社の行う教育とは「人づくり・人育て」です。スキルを身につけさせたり、仕事の方法を覚えさせることは目的の半分でしかありません。品性を磨き、どこへ出しても通用する、立派な人間に育てるのが「人育て」です。立派な人間とは、人様の幸せのお役に立てる人のことです。そういう人を育てるのが会社の一番の目的だと私は思います。

なぜ人を育てることが一番大事なのか。

その理由は、私たち人間が大自然の一部分だからです。京セラの創業者である稲盛さんは、大自然の働きはすべての命を育てていこう、よくしていこうという働きに満ち満ちていると言いました。

「自分」という言葉には、大自然の中の一部分という意味があると言われます。私たち人間はもちろん、動物も植物もこの地球の一部分であり、生かされている存在です。だからこそ自然の法則に沿った生き方をする者が成長、進化するのです。反対に大自然の働きに逆らえば、退化します。

松下幸之助さんは、「松下電器は何をつくる会社か」と尋ねられたら、「松下電器は人をつくるところでございます。併せて電気製品もつくっております」と言ったそうです。そして日頃から「会社は公器」と言っていました。人もお金も物も、すべて経営資源は人からの預かりものだというふうに考えておられたと聞いています。

戦後しばらくの間、日本の経営者たちは、このような考え方を多かれ少なかれ持っていました。そのうえでもともと持っていた才覚、才能を発揮したからこそ焼け野原から立ち上がり、一代で世界企業にするまでの大成功をおさめたのです。もちろん自社のことしか考えない経営者もいたはずですが、そういう人は一時的に成功しても、そこから20年、30年と存続することはできませんでした。

自分さえよければいい、自分だけが儲けられたらそれでいいという、自分中心で品性の低い考え方は神様の意思に反するのです。

つまり、大自然の働きに沿った考えとは、人様のお役に立つことを常に考えること。それは人を愛することであり、相手の幸せを祈ることであり、相手のお役に立つことを考えることです。そういう姿勢で生きていれば、また仕事をしていれば、おのずと進化・発展すると言っているのです。

とはいえ、たやすくできることではありません。私自身、まだ道半ばで、毎日反省ばかりを繰り返しています。でも、たとえできていなくても、理想を持っているのと、いないのとでは大違いです。理想を持って、一歩一歩努力をすることが大事。私も、自然の理にかなった「三方よし」を経営理念として、意識しながら毎日を送っているのです。

「社員さんが幸せになりますように」と毎朝祈る

モラロジーの教えでは、経営者と社員とは親子のような関係になるのが望ましいとあります。私もこうした考え方に共感して、「人をつくるホテル」という経営理念のもとに「親心」と「親孝行の普及」ということをやってきました。

親心とは何か。ここでひとつ私の体験談を紹介します。

私が36歳で父親を亡くしたとき、本当にどうしていいのかわかりませんでした。10年以上、父の横で仕事をしてきましたから、仕事の仕方はひととおりわかっていましたが、社長という柱を失ってみて初めてその存在の大きさに気づいたのです。

父の代わりに自分が継いだものの工員さんが夜の町で問題を起こしたり、行政から業務改善の指導を受けたり、素性の知れない人間が会社に脅しに来たりと、次々と問題が起きます。私にはとても背負いきれないと、すっかり途方に暮れていました。

うなだれた私を気づかって、モラロジーの経営コンサルの植村先生が、毎週、手弁当で経営指導に来てくださるようになったことは、1章で書いたとおりです。

その先生は赤の他人の私に、本当に親心で接してくれました。噛んで含むように経営のいろはを指導してくださるこの先生のことを、私のお父さんやな、と思いました。中でも忘れられないのは「毎朝、社員さんの幸せを祈りなさい」という教えです。

「社員さんが立派な人間になってお幸せになれるよう、私も頑張ります」と毎朝祈りなさいと。そしてその祈りを行動で示しなさいとも言われました。大自然が私の祈りを受け取ってくれるような行動をせなあかん、と。

藁にもすがる思いで植村先生が言うとおり、私は毎朝祈ることを日課にはしたものの、最初は「こんなん効果あるんかいな？」と半信半疑でした。ところが3ケ月ほどたった頃、はっとしました。

「そうか、私を指導してくださっている植村先生も、毎日こうして、清水君が幸せになるように、と祈ってくださってんねや……」

3ケ月たってやっとです。あまりに遅い気づきでした。そのとき再びはっとしました。祈ってくれていたのは、植村先生だけではなく、父も母も、祖父も祖母も同じだったに違いない。そのことにようやく思いがいたったのです。

「私の幸せを祈ってくれる人がたくさんいたんや」

心の世界のことは、話を聞くだけではわかりません。自分で実行してみて初めて気づくものです。自分で毎朝３ケ月、祈って初めて気がついたことでした。

そのとき思ったのは、私もいつか「社長はお父さんみたいな人やなあ」と、社員さんたちから思われる人間になりたいということでした。凡人の自分が、簡単に聖人のようにはなれません。それほど、他人様のお子さんに、わが子のように接するのは難しいものです。反省の毎日です。それでも少しでも近づこうと努めてきました。

会長、社長、支配人……。会社で人の上に立つ人は、社員さんがお幸せになるようにと、毎日祈ってほしいと思います。

社員向けの「親孝行実行プラン」

うちの会社では「親孝行の普及」に取り組んでいます。

廣池博士のお母様が、「孝は百行の本」（こうはひゃっこうのもと。中国、後漢時代の儒学書『白虎通義』に出てくる）という言葉を、常々言っていたそうです。親孝行する人に悪い人はいない、親孝行はすべての行いのもとだ、という意味です。その言葉に感銘を受けた私は、社員さん向けに「親孝行実行プラン」というものをつくりました。

そのプランとはまず、社員さんの誕生日の2週間ほど前に、会社から5000円の商品券を渡します。社員さんには「それに自分のおこづかいを足して、親孝行をしてください」と伝えます。ご両親にプレゼントするもよし、お食事するもよし。使いみちは自由です。

ただし決まりが2つだけあります。ひとつは、ご両親に対して「口上」を述べること。そのための文例も会社が用意してあります。文例とは次のような内容です。

「お父さんお母さん、今日まで勝手なことばかりしてご心配をおかけしました。これからは親孝行できるように努力しますので、よろしくお願いします」

こういう文例をいくつか渡して、それを自分でアレンジして、ご両親の前で読んでくださいというのがルールのひとつ目です。

もうひとつの決まりは、誕生日の翌日の朝礼か夕礼で、そのときの模様を他の社員さんの前で発表することです。

「昨日は私の誕生日でした、両親にこういう孝行をしました、こういう口上を読みました」と報告してもらいます。これまでに数えきれないほどの発表を聞いてきましたが、驚くことにみんな同じことを言うのです。それは「両親が、今まで見たことのないような笑顔で喜んでくれました。その笑顔を見て、親孝行せなあかんな、と思いました」という言葉です。自分の誕生日に親孝行をするというのは、非常に深い行いです。

このプランをはじめて、職場の雰囲気が変わりました。社員間の距離が縮まり、チームワークがよくなったと感じます。

この「親孝行実行プラン」、じつは私の体験にもとづいて考えたことでした。私が25歳の頃、地元のモラロジーの代表世話人の伊藤正二氏とこんな会話をしたのです。

「清水君、誕生日て知ってるか？」

「知らん人おまへんやろ、自分が生まれた日ですよ」

「いや。誕生日というのは、お母さんが生きるか死ぬかの苦しい思いをして清水君を生んでくれて、今日まで育ててくれた、最初の日や。誕生日は、プレゼントをもらったりケーキをいただく日じゃなくて、逆に、お返しをする日ですよ」。いい話だなと思いました。それで次の自分の誕生日に、言われたとおりにやってみることにしたのです。

50年前のことですから、気のきいたレストランもなくて、近所の仕出し屋さんからお料理をとりました。お膳が整ったのを見計らって、畳に指をついて

「お父さん、お母さん……」

とやったのです。しかし25歳の男にとって、これは勇気のいることでした。ふつうはできるものではありません。道徳を実行するのは勇気がいることなんですよね。なんとか勇気を振り絞って、それらしい口上を述べまして、宴会がはじまりました。そうしたら、父と母が何と言ったか。男親というのは単純なもので「こんなことやったら毎日でもええなあ」と上機嫌でした。

その次に母が言ったことに、私はほんとにびっくりしました。

母は、ポケットから出した白いハンカチで目頭を押さえながら、

「こんなことしてくれたら、もったいない」

と言ってくれたのです。

私はただ先生から言われて、サプライズでやっただけで、母が私を育ててくれた恩とは比べ物になりません。それを、母は「こんなことしてくれたら、もったいない」と。お父さん、お母さんとはありがたいもんやなぁと、そのとき初めてわかったんです。そんな体験があって、社員さんにも親孝行をしていただこうと、「親孝行プラン」を続けています。親孝行する人に悪い人はいないどころか、親孝行な社員さんは会社にとっても宝です。宝のような社員がたくさん働くホテルにしたいと思っています。

「心を育てる」のは非効率に見えるけれど

先ほども書いたように、社員教育というと、仕事のスキルアップを目的に行われる企業研修がほとんどでしょう。スキルを身につけることはもちろん大切です。しかし会社にとって便利な人や金儲けがうまい人を育てることが真の教育ではありません。

冷暖房が壊れても対応できるようになったとか、何か資格をとったとか、そういうのは二次的なこと。一番大事なことは心を育てることとです。

たとえばお客様がフロントに来られて「これをＦＡＸしてください」と言われたとしま す。フロントスタッフは「はい、かしこまりました」と言って、ＦＡＸをご指定の電話番号に送る。これは基本スキルです。

しかしフロントスタッフの仕事はそれで完結したでしょうか。ＦＡＸを送るのは、それなりに時間がかかります。「すぐに送りますので、よろしければおかけになってお待ちください」とひとこと言えるかどうか。ここが肝心なのです。

もしもホテルのＦＡＸが受信中であれば、さらに時間がかかります。そのときに「ただいまＦＡＸが混み合っておりまして、少しお待ちいただかなければいけません。その間どうぞおかけになってお待ちください」と、お客様を安心させることができるかどうかなのです。もしもその言葉がなく、裏のオフィスに消えたまま何分も帰ってこなければ、お客様はフロントに立ったまま不安な気持ちで待っているでしょう。

わずか数分でも、不安なまま過ごす数分はとても長く感じるものです。

ひとこと、「数分かかりますので、おかけになってお待ちください」と言われれば、お客様はストレスを感じることなく、安心して待ってくださるのです。
お客様にとってこの差は天と地ほど大きいということを、察せられるかどうか。これはスキルではなく心の問題です。サービスの基本はお客様に安心を与えること。こういうちょっとしたことに気づくには、常日頃から相手に安心感を与えたいという意識をもって過ごしていなければなりません。ということは、先輩や上司が常に手本を示し続けるしかないのです。研修で身につくのは基本的なことだけで、本当に大事なことは、環境の中で日々学ぶしかありません。

人を育てるというのは縦板に水をかけるようなもので、言葉で教えたことなど99%は流れていってしまいます。人間は自分のことを考えるようにできているからです。生まれながらにして、好きか嫌いか、損か得か、都合がいいか悪いかで考えるプログラムが脳に備わっているのです。しかし人間にはもうひとつ、相手のことを思う、という心もまた備わっています。私たちホテル業に携わる人間はそこを一生懸命、鍛えます。経営効率を考えれば、心を育てるのは非効率極まりないのですが、これが一番大事なことです。ホテル業で最も大事なことは相手の心を察することであり、人を育てるとは心を育てることなのです。

一方で、人を育てることに関して、経営者や管理職ができるのは手助けに過ぎないと自覚することも大切です。人間は決して人を一からつくることはできないからです。

農家が野菜をつくるといっても、本当に育てているのは太陽の光や土や水など自然の作用であって、人間の力だけで育てているわけではありません。

人間がしていることといえば種を植え、そこに水をやるほかは肥料を施したり、雑草を取り除いたりすることくらいです。本当に育てているのは大自然。農家はそのことを理解しており、自然の力を無視すれば作物は育たないことを知っています。

会社も同様です。人づくりといっても、実際は会社が人を育てているのではなく、環境や自然の力が人を育てます。会社の役割は、人々が成長する過程でよりよく育つよう、考え方や行動の方法を伝授したり、必要なときにフォローするくらいです。実際には本人が自らの意思で成長しているのです。本人が頑張らなければよく実ることはありません。自分が育てたのだと驕《おご》ることなく、謙虚に取り組むことが重要です。

うちに入社してくる若い人たちを見ていて思うのは、礼儀作法を知らないということです。考えてみれば、今は礼儀作法を教える場がありません。私が子どもの頃は礼儀作法などは親も学校も、ある程度のことは教えてくれました。たとえば履き物をそろえなさいとか、畳のふちを踏まないとか、小うるさく教え込まれたものです。ところが今の子たちはそういうことを学ばずに社会に出ます。躾というということがない世界で育っているんです。ですから私は、会社が学校だと思っています。

特にホテルは礼儀作法の学校です。新入社員には会社が一から礼儀作法や挨拶の仕方を教えます。たとえば「おはようございます」の挨拶は、かかとを揃えて、相手を見て、おはようございますと頭を下げます。そして再び顔を上げてその人を見てから去っていく、これが挨拶です。これを教えなければ足を止めることもなく、歩きながら「おはようございます」と言って過ぎ去ってしまいます。

こういうことはホテルでは非常に大事で、礼儀作法ができないとホテルでは働けません。ホテルで一人前に働けたら、周囲の人から見ると「礼儀正しい人やな」となります。

人によっては教えてもなかなか仕事が身につかない人もいますし、人の心を察するのが苦手な人もいます。しかしどのような人であろうと育てていくことが大切だと思っているんです。それこそ家族と同じで大自然がすべてのものに光を注ぐように、すべての社員、パート、アルバイトを問わずみんなに愛情を注いで、立派に育てていくのが使命やと思ってやっています。

しかしこれだけいろいろと教えても、「ビズリーチ」かなんかでぱっと転職してしまいますやんか。親と思って目をかけてきて、大切に育てて、ようやく力がついてきたかなという頃に転職してしまう人も、これまで数多くいました。そのたびにショックを受けたり、悲しい思いをしてきましたけど、大自然の法則を思い出して、その人がよそで頑張ってくれたら私たちのミッションは成功していると、そう思ってやってきました。

うちのホテルで身につけたことを置いていけとは言いません。制服は返してくださいと言いますが、自分の身につけた思いやりは、そのまま持っていけます。私たちはどこに行っても立派に務めが果たせるように育てるのが、神様から与えられたミッションだと思っています。

よそに行って「君は京都プラザホテルで勤めていたから、こういうことができるんやな」と、もしも言ってもらえていたら、私たちの使命は果たせたことになる。そう思うようにしてきました。こういう考え方を教えてもらってきたものが心の石垣になっています。そのことを教えてくれる師を持てたことは大変ありがたいことでした。

もちろんモラロジーだけが立派だと思っているわけではありません。私はたまたまモラロジーとご縁があったからそういうだけで、それぞれがご縁のあるところでご自分なりの勉強をされたらいいことです。

最近ではうちも外国人の方に技能研修生として働いてもらっています。ラオスから6人、ネパールから4人、ベトナムから2人、バングラデシュから2人が働いてくれています（2023年12月時点）。彼らこそ日本流の礼儀作法は知らなくて当たり前ですから、彼らが日本にいる間は私がお父さんになろうと思ってやっているんです。

特に、ラオスから来た子らとは毎月1度、一緒にご飯を食べていろいろな話をしています。自分の国を離れて、よその国で何年か生活するというのは心細いし、寂しいと思います。たいしたことはできませんが、月に1回くらいは一緒にご飯を食べようかと、近くのお好み焼き屋さんに連れて行っています。

国内には技能研修生にひどい扱いをしている会社もあると、ときどきニュースになったりしていますが、ほんま最低です。日本の恥です。日本は世界から尊敬される国にならないといかんのに、日本に行ったらそんな働き方させられたというのはもってのほかで、そういう会社はそれこそ非国民ですわ。自分さえよければいいという考えの会社が増えてしまったのは、嘆かわしいことです。そういう会社で苦労してしまった外国人の若い人たちは気の毒や思います。

大自然の働きに反した考え方は長続きしません。せめてうちのホテルで働いてくれた外国人の方に、日本はいい国だった、京都プラザホテルで働いて礼儀作法を身につけたから、どのホテルでも働けるようになったと、自慢してもらえるような育て方をしたいと思っています。

仕事の能力だけで社員を評価しない

今は職務上のスキルで人を評価する会社が増えています。そういう会社は、儲けを生む社員だけ残ってくれればいい、と言っているのと同じでしょう。もちろんスキルや技能を身につけるのは大事なことです。しかしそこに「道徳」が伴わなければ、高い評価に値しません。

私の会社でも新入社員が入ってきたときは、時間をかけていろいろなことを教えます。フロント業務についてもらう人には、特に挨拶から接客時の対応、ホテル業務全体にいたるまでいろいろなことを覚えてもらいます。

しかし、業績やスキルが高いというだけで評価することはありませんし、それで昇進させることもありません。管理職に選ぶときには、周囲の信頼を集めているかどうか、その「人柄」を重視します。仕事ができるからといって管理職に昇進させるホテルもありますが、人間的にどうかと思うような支配人もよく見かけます。英語が堪能だとか、OTA（オンライン旅行代理店）の活用がうまい、といった理由で人が昇進するのを見れば、部下もスキルを身につけることに躍起になるでしょう。

スキルで人を判断するということは、使える人、儲けを出してくれる人が大切だと言っているのと同じ。利益追求を最優先しているというメッセージです。それはつまり人間を「稼ぐ道具」としてしか見ていないのと同じです。


以前、ある急成長している不動産会社が経営するホテルに行ったときのことです。新しくて、ほんま綺麗ですよ。でも入った瞬間、なんか冷たい感じやな、と。フロントの人はニコリともしません。うちの嫁さんが自販機でお茶を買ったら、違うお茶が出てきたというので、フロントに言ったら「自販機は外注ですから返金できません」と冷たく言われたそうです。やっぱりな、と思いました。その企業は実力主義給与で有名なのですが、スキルだけで評価しているのではないか。心がないホテルは、一歩入るだけでどこか寒々としたものを感じます。人間は、そういう「雰囲気」を感じ取る力があるのです。温かみのないホテルに泊まりたいと誰が思うでしょうか。

人間は利益追求のための道具ではありません。社員一人ひとりが、社会のために役に立ちたいという思いで働けることが大事だと、経営者は肝に銘じなければいけません。

コロナ禍の中でも人員削減しなかった

「企業の目的は、利潤の追求」だと、学校の先生や会社の上司に教わったことがあるでしょう。本当にそうなのでしょうか。私はその考えにまったく同意できません。

うちの第一の目的は、お預かりした人をどこに出しても立派に活躍できるような人間に育てることです。利潤は企業存続の必要条件ではあるけれど、目的ではない。利益とは、人を育て社会に貢献する活動をした結果、出てくるものです。もちろん利益は大切ですが、利益自体を目的として追い求めるのは本末転倒だと思うのです。

うちは10のホテルを運営しています。ホテルによって売上も異なり、利益率も異なります。だからといって序列をつけるようなことはしません。

他のホテルグループでは、業績の悪いホテルの支配人を会議でボロカスに言うたり、会議で座る席番も業績順にしているところがあると聞きます。そういう社風では、最近、不正問題で話題になった例の中古車販売会社と同じ末路を迎えるでしょう。

同じグループ内でも、各ホテルにはそれぞれの目的があり、対象とする顧客も異なります。地域によって市場の規模も異なりますし、景気の影響の受け方も違います。それぞれに特色があるのですから、一律の査定や評価はできないのです。

はっきり言いますが、うちでは業績は二の次であって一番は人です。人が育つことを第一優先にしています。

グループの中に業績の振るわないホテルがあれば、他のホテルも一緒に業績アップの知恵を出し合います。それを確信したのがコロナ禍でした。コロナではどのホテルも軒並み打撃を受けたのですが、特にひどかったのは、ホテルアストンプラザ関西空港でした。移動制限で飛行機が飛ばなくなった途端、お客さんはまったく来てくれなくなりました。稼働率は15~20%まで落ち込み、毎月500万から600万円の赤字が出ました。でもそれはそのホテルの責任ではありません。

そこで私たちは各ホテルの支配人と一緒に、少しでも改善する策はないかと知恵を出し合いました。今までは関空利用のお客さんがほとんどだったけれど、近辺には大手メーカーもあり、工場の需要があるのではないかという声が上がりました。工場関係者の利用を増やせれば赤字幅も減るし、関西空港が再開すればその分が加わって、これまで以上の利用を見込めます。調子が悪いときだからこそ、頑張って工業地帯に営業に行こうという意見がみんなから出ました。

もちろん他のホテルの支配人たちが、どれだけ自分ごととして考えてくれたのかはわかりませんが、業績だけで競わせている会社とはやっぱり空気感が違います。

これが成果をおさめて、20％にも満たなかった稼働率を、コロナの最中に35％まで上げることができたのです。関西空港が再開した後、以前ほどに回復してはいないものの、工業地帯のお客さんが泊まりに来てくださるようになったことで毎月、利益が出せるようになっています。

もうひとつ言わせていただければ、うちはコロナ禍で、一人も人を切ることはしませんでした。社員はもとより、パートさんもアルバイトの人も含めて人員カットはゼロです。人を育てる会社やと言っているのに、そんなことはできません。毎月まとまった赤字が出てゾッとしましたが、一番大事な「人」を切るわけにはいきませんでした。この点は「すごい」と銀行さんにも言われましたね。

だからこそ、2023年の5月に制限や規制が解かれた後、すぐにフルパワーでリスタートが切れました。ちゃんと人がいたからです。

コロナで人員整理してしまったところは、今、大変です。一度、切ってしまった人員は、簡単には戻ってきません。ですから200の部屋数があるにもかかわらず、100しか売れないホテルがたくさんあります。やはり大切なのは人なのです。

「スキルが高い人を育てるのではない。世のためになる人を育てる。それが企業の使命だ。」

すべてのお客様が神様ではない

サービス業にとってお客様が大切であることは言うまでもありません。しかし、誤解を恐れずに言いますと、私たちはお客様よりもスタッフを大切にしています。というと、優先順位が間違っているじゃないかとお叱りを受けるかもしれませんが、これは大事なことなので説明します。

お客様が大切であることは当たり前です。ただ、ホテルは〝人生の坩《る》堝《つぼ》〟みたいなところやから、本当にさまざまなお客様が来られます。私たちが誠意と品位を持って接しても、残念ながら理解していただけないお客様もいらっしゃいます。

たとえば酔って大声を出すお客様や、夜中に仲間同士で喧嘩をしてフロントスタッフを巻き込むお客様、警察沙汰になったお客様など、常識では考えられない行動をとるお客様もいるのです。

もし他のお客様に迷惑がかかるような行為があったら、スタッフは毅然とした態度で対応します。それでスタッフが身の危険を感じるような状況になったら、「うちはスタッフ第一やから、スタッフを守れ」とみんなに言うてます。

あまりにもルールを守らないお客様には、料金をお返ししてお帰りいただくこともあります。お客様だからといってすべてを我慢し、従うことがサービス業ではないと私は思います。そうでないと、スタッフが病んでしまいますから。

迷ったときは、苦しいほうを選ぶ

人生は選択の連続です。日常の些細なことならひとつ間違っても、取り返せますが、どちらを選ぶかで大きく人生を変えてしまう選択を迫られるときもあります。そういう重大な局面では、自分のスタイルを持っていないと何も選べないという事態に陥ります。

私は「迷ったら苦しいほうを選ぶ」と決めています。もし一方が楽な道で、もう一方が茨の道であれば茨の道を行きます。楽な道を選んでもええことない、と思っているんです。

本当に自由に選べる状況なら、つらくて苦しいほうを選ぶのです。生まれ持ってのマゾ体質なのかもしれませんが、楽して儲かるとか、簡単に勝てる道は選びません。
別に誰かに教えてもらったわけではありません。株で言うところの「逆張り」を行こうと考える性分なのです。

理由のひとつには、他の人と同じことをしたらあかん、という思いがあるからです。100人のうち85人がこちらに行くだろうと思うとき、私は15人しか選ばないほうを行きます。

群れたくないのです。ちなみに私は卯年ですが、動物占いでは群れない羊です。群れるはずの羊なのに、群れたがらないという変わったグループに属するのですが、自分でもわかる気がします。

メッキ工場をやめるときも、最初から確信があったわけではありません。大きな借金を背負うわけですから、その後の半生が苦しくなることは目に見えています。

父が亡くなり、次の商売を考えている間、銀行さんからはマンションをやるのが一番だと言われました。京都駅からすぐ近くの立地だから、すぐに部屋は埋まる。そうすれば遊んでいても毎月家賃が入って、生活も安泰だと言われました。しかしそのような人生に何の魅力も感じませんでした。

たとえばハワイにコンドミニアムを買って、ゴルフ三昧の生活をしたいと憧れる人もいると思いますが、遊んで生活できるとか、左団扇の生活なんて全然おもしろくない。楽というのはおもしろくないのです。


人間はどうせ80歳か100歳までには死にますやんか。死ぬときまでにおもしろいことをしたいわけです。といっても楽しいことばかりでなくて構いません。むしろ苦しいことがあるからおもしろい。お腹が減っているときに食べるものは、何でも美味しいのと同じで、苦労しないと、楽しいもおもしろいも感じなくなると思います。

42歳での私の決断をギャンブルや博打やという人もいましたが、私は博打をようしません。商売では借金をして大バクチに出ましたが、馬券は1枚も買えない性格です。それなのに商売でようやるわ、と自分でも思います。ただ繰り返しますが、楽な道は楽しい道ではないとわかっていました。

体だって楽な生活をしていたら、筋肉も衰えて体力も減ってしまいます。見栄えのいい健康な体をつくろうと思えば、自分から体に負荷をかけて鍛えるしかありません。きつい思いをすれば、水を飲んだだけで嬉しくなるし、ふつうのご飯も美味しく食べられるでしょう。楽が当たり前の生活をしていたら、毎日が何にもおもしろくないに決まっています。結局、つらいことも苦しいこともあるから、人のありがたみを感じられたり、人の思いやりに感動できたりします。私はそういう人生のほうがおもしろいと思います。

小さい会社は、目に見えない品性で勝負する

会社を経営していると、儲け話によく誘われます。話を聞いて、それほど儲かるならやったろうかと思います。聖人君子ではないですから、やはり儲けたいですし、おいしい話があれば1回聞いてみようと思います。その結果、騙されて失敗したこともあります。

モラロジーで学んだ綺麗なことばかり言ってきましたが、私も人間、一枚皮をはがせば野心も欲もあります。

ただ片方で、理想を教えてもらっているということで、安易に流されたり泥沼にはまることはありません。未熟ながら、何を大事にしなければいけないのかがわかっているかどうかで、だいぶ違います。私にとっての羅針盤が、三方よしであり道経一体という教えなのです。

儲けることは悪いことではありません。しかし儲けることだけではいけません。反対に道徳だけでもダメです。お金を稼ぐことがおろそかになれば、事業は続きません。月に1回、各ホテルの支配人が集まっての会議では、今は儲け話を私からすることはありません。それよりも大事なことは、やはり経営哲学や経営理念のところを支配人たちがしっかり理解して、それぞれのホテルで働く人たちに浸透させることです。

これをやったら儲かりますよというような話は、私から一切しません。人をどうやって立派な人に育てていくかという話しかしていないのです。そのために、挨拶の徹底やサービスの充実などはお話をします。

儲け話というのは、特に話題にしなくてもみんなが常に考えます。ひと言ふた言いえばわかります。しかし道徳のことは、ふだん誰も考えません。ですから自然に道徳の話題が多くなります。

道徳なんてことを言っていては儲からないと思っている人が大半でしょう。しかし道経は必ず一体になる、これは自然の法則ですから徹底していかなければいけません。儲けだけを追求してしまえば、例の中古車販売会社のようになってしまいます。松下幸之助さんが言っていたとおり、大自然の働きに沿った考え方をする会社は必ず進化するのです。

私たちは鉄道会社のホテルにはどうやっても勝てません。立地のよさで、駅の上にあるホテルには勝てないのです。ましてやうちなどは独立系で、お金のない会社ですから、駅の横にホテルをつくることもできません。どうしても駅から離れた、少し安いところになってしまいます。だから考えることが必要なのです。

時流に乗って、私たちも自動チェックイン機は入れました。新しいホテルには3台、京都プラザホテル本館にも2台入れています。しかし自動チェックイン機があれば人はいらないかといえば、そんなことはありません。むしろこれまで以上に人が大切になると思っています。新しいものは取り入れながらも、お客さんの思いを察する心を持ったスタッフさんがいることが、ホテルにとって最大の価値だからです。

少し考えみてください。たいして新しくもなく、駅のすぐ目の前にあるわけではないのに、次に京都に来たらまた泊まりたいと思ってもらえるホテルとはどういうホテルでしょうか。自動チェックイン機があるからではないことは明らかです。大浴場や朝食メニューは少し影響するかもしれません。しかし他社がより豪華なものを備えたら、来てもらえなくなります。目に見えることで競っていては、資本のあるところに勝てません。

古くても少し遠くても、わざわざ来てもらえるホテルとはきっと、スタッフとのちょっとしたふれあいに暖かさを感じていただけるところに違いありません。あるいはふとしたことで、心遣いや思いやりを感じていただけるところに違いないのです。

私たちが大切にするべきなのは、そういう目に見えないところです。電話をいただく、メールが送られてくる、そのお客様との接点で、どのように対応できるか。そこでお客様にどう感じてもらえるか。そこが一番大事なのではないでしょうか。詰まるところ、スタッフの心、つまり「品性資本」が一番大切なのです。

事業承継は、徳の継承

会社の経営で一番重要なのは事業承継だと私は考えています。事業承継が成功することで初めて、経営者の責務は果たされます。その間、どれほど業績を上げようと、事業を成長させようと、事業承継で失敗すればすべての功績は水泡に帰してしまう。それほどに事業承継は重要です。

詰まるところ、「事業承継は徳の継承」です。徳という永続の種を、どれだけ撒けるか。徳を継承する会社が勝ち残ります。商売をしているなら、やはり勝ち組にならないとおもしろくないでしょう。

京都市中の旅館・ホテルは4万室が必要と言われていましたが、今や6万室を超えるほどに増えており、過当競争の段階に入りました。京都のホテル業界はレッドオーシャンです。

ビジネスホテルは部屋のデザイン、朝食メニュー、魅力的な大浴場などで差別化を図る動きが加速しています。しかしこれらはすべて目に見えることで、お金があれば勝てます。つまりはタテ×ヨコ×高さ、それに時間という4つの軸における競争です。

この競争は資本のある会社が勝つゲームに過ぎません。

単価を下げて客を増やし、シェアを獲得しようと考えるホテルも出てくるでしょうが、これをやっていては勝ち組とは言えません。

私たちはこの戦いにどう挑むのかというと、働く人の人の品性を磨くことで、差別化を図ります。品性は目に見えず、お金でも買えません。しかし働く人の品性を磨くことで、ひとつ高い次元に移れます。そこは競争相手のいない世界です。心を重視することで、ブルーオーシャンの世界に入れるものと考えています。私たちは「人をつくるホテル」としてブルーオーシャンを目指すのです。

だからこそ、徳の継承が将来を決することになるのです。

しかし徳の継承は、非常に困難です。私も息子に自分の考えを伝えようとしていますが、目に見えないものの継承は難しい仕事です。

私がこの本を書いているのも、将来、京都プラザホテルズの経営に携わる人たちにこのホテルをつくった目的、思い、理念、願いを残したいとの思いからです。やはり創業者の思いは大切にされるべきで、その流れを踏まえた打ち手を考えなければ、本来の力を発揮できません。

私はもともと息子に後を継いでもらうと決めていたわけではありませんでした。経営を任せるに値する、最も適任な人物に託そうと考えていたのです。

最終的には、私の息子が創業者の思いを一番理解できると判断して、長男を社長に選びました。創業の精神をしっかりと受け継ぐことが何よりも重要だと考えた結果です。

どのような業種であれ、暖簾を残すのは難しい。先代がしていたことを単純に受け継ぐだけでは、暖簾は守れないからです。京都で長年続く老舗は、その時代ごとに変化し続けてきたところばかりです。創業精神が残っていれば、何をやろうと暖簾は残ります。しかし反対に家業を守っても、創業精神が継がれなければ、その先がありません。その意味で、心が通じあうのはやはり息子でした。

仏教用語に「薫習《くんじゅう》」という言葉があります。これは、お香が服や体に移るように、思いや行いが沁み込むという意味です。ひとことで言うなら、社風でしょう。創業者の精神は、社風となってその会社に留まります。ですから会社にとって、社風は非常に重要なもので、会社に目に見えない価値をもたらします。商売の勝ち組と負け組とを分けるものは、社風にあると私は見ています。なぜなら、これだけは真似できないからです。大浴場も部屋のデザインも朝食のメニューも、自動チェックアウト機も、どれもお金を出せば真似できます。しかし社風だけは真似できません。

だからこそ会社にとって社風はかけがえのない宝であり、会社が永続するうえで重要です。

人づくりを旨としてきた私たちの社風は、自然の法則にかなうものだと確信しています。その思いをしっかりと受け継いでくれる人を育てることで、事業承継は完成するのです。

「事業承継とは、徳の継承だ。
徳を継承できた企業が
結局、勝ち残る。」

ストレスが溜まらない考え方

ここからは、私の人生哲学めいたことを書きたいと思います。

私は酒も飲みませんし、煙草も吸いません。いったい何でストレスを発散しているのかと尋ねられることもあります。そういうときは「ほっといてくれ」というのがお決まりです。

私はストレスが溜まらないほうだと思います。クルマやバンド活動など、好きなことがたくさんあるからということもありますが、ストレスを抱えないように心のあり方を工夫していることが一番の秘訣なのです。

人が最もストレスを感じるのは、何と言っても人間関係でしょう。特定の人物との軋轢が、心を圧迫することはよくある話です。そんなとき、私は若い頃にモラロジーの先生から教わったことを思い出します。それは「自分の考え方を変える」という魔法です。

「嫌だと思う人がいたら、その人にもひとつや2つや3つくらいはいいところがあるはずだから、そちらを見てその人を好きになる努力をせよ」と教わりました。

かえってストレスが強まりそうな教えではあるのですが、こちらが受け止め方を変えると、不思議にストレスが消えるのです。問題はこちらにあると思えば、「自分のどこを変えればいいか」と対策を考えられる。これでストレスはだいぶ減ります。

難しいことを言っているようですが、ストレスをなくすという意味で、これは最良の方法です。反対にあいつが悪い、警察が悪い、社会が悪いと思ってみてください。おそらく、実際にはそうなのでしょうが、そう思うだけでどんどん腹が立ってくるはずです。ぜひ、自分で実験してみてください。

会社を経営していたら、毎日のように問題が起こりますが、問題を人のせいにしていては何も改善できません。また そういうときに限って家に帰ってもちょっとしたことで夫婦喧嘩がはじまったりするものです。そのときこそ自分の心のあり方を見つめ直し、穏やかに解決しようとすることが大切です。人生は波乱に満ちていますが、その中でストレスを解消し、自分自身を成長させることができるのもまた人生の醍醐味かもしれません。

幸せな人とは「感謝できる人」

お金さえあれば幸せになれる、と考えている人もいるでしょう。しかしお金持ちになっても、幸せそうに見えない人はたくさんいます。実際に幸せではない人も多いのです。「俺の力で稼いだ」と思って、お金があるのが「当たり前」になる。そうなると感謝する心を失ってしまうのです。

たとえば食事が美味しいと感じられるのは、お腹がすいているからこそです。お腹いっぱいな状態では、どんな料理を出されても、美味しいとは思えません。それと同じで、幸せな気持ちというのは、苦労しなければ得られないものです。苦労することで、親のありがたさや人のありがたさを知って、感謝の気持ちを持つことができるからです。感謝に勝る能力なし。感謝こそ幸せを感じるもとだと私は思います。

映画化もされた『飛鳥へ、そしてまだ見ぬ子へ』（'80年）という有名な本があります。著者は井村和清さんというお医者さんで、30代の若さで癌になり、亡くなってしまいました。そのお医者さんが亡くなる前に、自分の子どものために書いた「あたりまえ」という題の詩が本に載っています。

空気を吸えて、食べられて、寝られる、あたりまえの生活が、ほんとうはすごい幸せでありがたいことだと、自分がもうじき死ぬとわかって初めて気づいた。あたりまえの中には、感謝せないかんことがいっぱいあるよ、という詩です。人間とは情ないもので、失って初めて気がつくのです。

考えてみれば、私たちは、本当は感謝しなければならないことに囲まれて生きています。たとえば新幹線。切符を買えば、京都から東京に2時間あまりで行けるのが当たり前だと思って、ふだん私も乗っています。でも、東京・大阪間を走る新幹線は1964年の東京オリンピックに間に合わせるために、突貫工事が行われて、トンネル工事などで200人以上の方が亡くなっているんですよね。

ふだん使っている水も、水道代を払っているんだから、自由に使えて当たり前やと思ってしまいます。ではその水は誰がつくってくれたのか。京都は琵琶湖から引いた水を飲んでいます。そのインフラ施設や人件費にはお金を払っているけれど、私たちは琵琶湖にお金を返しているのか？　全国各地域で川から水をとっていますが、自然の恵みをいただいて私たちは生きているわけです。昔の大人は、そういうことを教えたものです。お金を払うから、新幹線に乗れるのでもないし、病気が治るわけでもありません。今、私たちが享受している文明社会をつくるために、先人がどれだけ苦労したことか。

また、親孝行をしなさいというと、「頼んで産んでもらったわけじゃない」という人がいます。そんなことが言えるのも、親が「自分の命に代えてでも子どもの命を守ろう」とする、その無償の愛を知らないからでしょう。お金をたくさん持っている成功者も、本当は自分ひとりでお金持ちにはなれません。成功するまでに、さまざまな人が力を貸してくれたはずです。

では、なぜそういう恩に気づけないのか。人は苦労したり、他人のために尽くしてみないと感謝できないのです。子育てをしてみて初めて親のありがたみを知ったという人が多いのは、そういうことです。親になって初めて、自分がどれだけの愛情を注がれていたかを知るわけですね。そうすると自然に感謝の気持ちが湧いてきます。感謝とは、当たり前の中に隠された幸せを見つけ出す鍵です。

上司と部下の関係も同じです。部下の文句ばかり言っている上司は、部下がいるのが当たり前になっていませんか。反省するべきことがあるなら、明日から自分の家族のように、部下の幸せを祈ってください。そうすれば部下は、いずれ上司になったときに気づきます。

現代社会ではこういうことを教える場が失われつつあります。だから私は今も月1回の支配人会議で、それだけを伝えています。

トップの考え方で、99％組織が決まると言われますから、私がそういう感謝の心を持ち続け、言い続けることが、責務だと考えています。私がこの世にいなくなった後に、社長がその思いを引き継いでくれるようにするのも、自分の責務だと思っています。

自分の器以上に、頑張りすぎてはいけない

人生は頑張らなあかんことの連続です。でも、自分の器以上に頑張りすぎるのも、またよくないのです。

中国の孔子のこんなエピソードがあります。孔子が魯《ろ》の桓公《かんこう》の廟に参詣したとき、「宥座《ゆうざ》の器《き》」を目にしました。「宥座」とは、常に身近に置いて戒めとするという意味で、「器」とは鎖で吊るされた水瓶のことです。その水瓶は空の状態では傾き、水をいっぱいに入れてしまえばひっくり返ります。しかしほどほどに水を入れたときには、安定した姿勢を保つのです。孔子はこれを見て、弟子たちに「満ちて覆らない者はいない」と教え、人生のすべてのことにおいて、無理をしすぎることや、満ち足りることを戒めたといいます。これは中庸の徳、謙譲の徳と言われます。

無理をすれば何かとトラブルを生み、満たされると必ず傲慢になるから、そのような状態を慎みなさいと教えているのです。

ちまたでは、限界を超えて頑張ることは美談にされて、努力しすぎて評価されることはあっても、叱られることはありません。

企業経営においても力いっぱいの事業をする人はたくさんいます。むしろそうするべきだと考えている人が多いでしょう。しかし無理を重ねれば、体を壊したり問題を引き起こしたりして、せっかく得たものをすべて失ってしまうことも多いのです。だから頑張ることは大切ですが、自分の限界を超えることは避けなければなりません。

自分の器以上を望むのは、「利己心」だからです。家族のために、社員のためにと頑張っているつもりでも、あなたが無理をすれば周りも一緒にひっくり返ってしまいます。

私自身にとっても、この教えは耳が痛いです。10もホテルをつくってきて、その分、銀行からの借り入れも増えます。モラロジーの先生からは、「宥座の器の実験をしとるんか?」と言われることもあります。最近も、人手不足の中で近鉄十条のホテルをオープンさせたとき、支配人を務める次男が3~4時間しか寝られない日が続き、休みもほとんど取れない状態に陥りました。もしそれが原因で彼が病気になったなら、取り返しのつかないことでした。私は自分の器以上のことをやっとるんちゃうかな、と考えてしまいました。

自分の「水瓶」の大きさがどれほどのものか知るのは、難しいことです。たとえば、みなさんの会社の社員が、体を壊すほど残業ばかりしていたら、器を超えているという警告でしょう。

力の限界を超えないように、ほどほどのところで息長くやっていくことが、むしろ成功への道なのです。

家族を大事にできない人は、経営者に向かない

自分が経営者に向いているかどうかを判断するうえで、わかりやすい〝指標〟があることを以前、モラロジーの方に教わったことがあります。

「今度生まれ変わっても、この人とまた結婚したいと思われるぐらいの旦那でなければ、会社の経営なんてうまいことといきません」というものです。

世の中で最小の組織は家族です。さらに最小の単位が夫婦です。

「旦那さんが奥さんを喜ばせられないようであれば、会社経営には向いていません」とはっきり言われました。こういうことも誰かに教わらない限り、考えることはないでしょう。では夫婦円満の秘訣は何かといえば、寄り添うということです。

夫と妻、それぞれ好きなことがあるはずです。旦那さんは妻の好きなことに、できる

だけ付き添うことが大切なのです。たとえ妻の好きなものが理解できなくても、興味がなくても、大切に扱って、寄り添うことを考えないかんと言われました。

寄り添うということは、わかりやすく言えば一緒にいることです。うちの妻は昔から歌手の舟木一夫さんの大ファンです。もう80歳に近い人ですが、先日も東京の国際フォーラムで５０００席の会場を満席にするほどの人気を維持しています。コアなファンをつかんで大切にしているのです。妻は舟木さんの、つまり追っかけです。

舟木さんのステージのチケットが取れると真っ先に「お父さん、この日空いてたら押さえとって」と言います。私は必ず「いいよ」と答えます。もうええやん、とか、友だちと行ったら?などとは言いません。

コンサート会場は東京や埼玉など、半分は関東です。朝早い新幹線で行って、コンサートが14時くらいから始まり、それが終わると晩ご飯を食べて帰ってきます。たいていは日帰りです。先日は新潟に飛行機で行ってきました。そのときはさすがに1泊しました。「あんたのご主人は優しいね。そんなにつきあって一緒に来てくれるって。あんた、幸せやね」と、妻の友人も言ってくれているみたいです。

妻も直接、私に言ったわけではないのですが「今度生まれ変わっても結婚したい」と言っていたらしいです。自分にも経営者の資格はあるのかなと思った次第です。

かといって夫婦喧嘩はしょっちゅうしています。ほとんど毎日のように口喧嘩になります。たとえば、最近私も耳が遠くなって、妻の返事が聞こえず、無視されたのかと勘違いするときがあるのです。それで私も「こっちが喋りかけてるのに、なんで返事せえへんねん」と小言を言ってしまいます。すると妻は「返事した」というのです。

そう言われると私も「相手に聞こえてなかったら返事とは言わへん」などと言ってしまうわけですね。それから喧嘩です。そんな他愛もない喧嘩はしょっちゅうしますが、それで別居とか離婚という話にはなりません。それも日頃から、妻の大切なことに寄り添っているからだろうと思います。

経営にかかわるあれやこれやと比べたら、妻の好きな歌手のコンサートに付き添うことくらい簡単なことです。そういうことを嫌がっていては、人を育てるなんてことはできません。家族にどのように接するかが仕事にも表れます。家族を大切にできない人は、経営者には向いていないのです。

「自分の器以上に水を入れると
ひっくり返ってしまう。
限界を知って、
ほどほどに頑張ることが
みんなのためになる。」

第4章

悩める人たちからの質問に答える

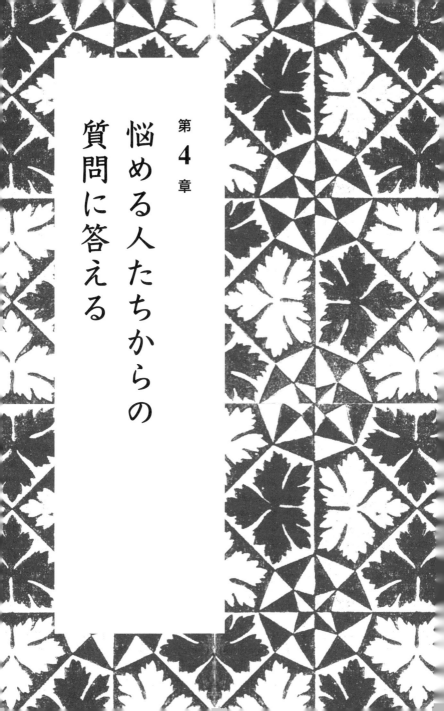

京都三大祭のひとつ、時代祭で

京都、南座にて

第4章では、私が約50年の仕事人生から学んできたことをもとに、悩めるビジネスパーソンの方々の質問にお答えします。これらの質問は、この本を担当している編集者の方が、課題や疑問に直面している方から集めたそうです。私の回答が参考になれば幸いです。

Q

中年になって転身する勇気がない

現在の仕事は自分に適していないと感じています。しかし私も中年にさしかかっており、新しい仕事に転身する勇気が湧きません。

家族にも自分勝手だと言われるに違いありませんし、今から失敗するのも怖い。

どうすれば、一歩を踏み出す勇気を持つことができるでしょうか？

A 何かをはじめるのに、年齢は一切関係ない

新しいことに挑戦するのに年齢は一切関係ないと私は思います。40歳でも50歳でもそれ以上でも、やりたいことをやったらいい。孔子は「朝《あした》に道を聞かば夕べに死すとも可なり」と言っています。これは、朝に真理を知ったら夕方に死んでもかまわない、死ぬそのときまで勉強は続く、ということを言っているわけです。

人生は必ず終わりの日を迎えます。どんな人間も死亡率100%です。どんなに楽しい人生だろうと、どんなに苦しい人生だろうと、算盤の「ご破産で願いましては」のように、神様は必ず一回終わらせてくれます。だから、心配せんとやればいい。そう思います。

人は経験するために生まれてくるのだと私は考えています。だからお金持ちになるためではなくて、どんな経験であろうとその中から新しい気づきを得ればいい。楽しいときだけが喜びではなく、つらい時期にこそ本当の喜びがあると思います。ですから失敗

を恐れなくていいし、経験を通じてこそ初めてわかる世界があります。

私が40歳過ぎて挑戦したホテル経営もそうでした。やってみて初めて見えることがたくさんあります。

前にも書きましたけれど、成功と幸福は違うし、成功と失敗も100とゼロではありません。どちらに転んでも、50対50だと私は思っています。すべては経験の一部ですから、私たちはそれを受け入れ、新しい気づきを得、新しい自分を発見して、挑戦し続けたらいい。それが人生の喜びだと私は思います。

Q 仕事で誰かの役に立っていると思えない

私は、自分の仕事が世の中の役に立っているという実感がありません。日々、誰のために頑張って働いているのか、疑問を感じているのです。このような状況に対して、どう考えればいいのでしょうか。

A まずは誰かに打ち明けてみる。心の師を持ってほしい

私もあなたと同じで、メッキ工場を経営していた頃は、誰かの役に立っているという実感が湧かず、喜びを感じなかったのです。だから気持ちはよくわかります。

私の場合は、最終消費者から直接、お礼や感謝の声を聞くことがなかったことがその原因でした。あの頃、もし自分たちがつくった製品に、誰かがありがとうと言ってくれ

たり、喜びを伝えてくれていたなら、満足感を味わえたかもしれません。

おそらくあなたも、その頃の私と同じ気持ちではないでしょうか。仕事の喜びとは、誰かが喜んでくれてこそ得られるものです。あなたが今働いている職場には、そういう場面がないのでしょう。一方で、世の中には直接、感謝の言葉をもらえない仕事もたくさんあります。特にエンドユーザーと触れ合うことのない仕事をしている人はその傾向が強いかも知れません。

それと、あなたの上に立つ人も悪いと思います。仕事をとおして国や地域社会の役に立つという意義を、会社の上司が部下にちゃんと伝えていない、教えていない。そうではないですか？

私から言えることは、今のままではもったいない人生になってしまうということです。なんとか今の状況を変えなあかんでしょう。ひとりで悩んでいるなら、誰かに打ち明けて相談してみたらどうでしょうか。

私の場合は、メッキ工場を継いで悩みに悩んだ末に、モラロジーの先生に思い切って相談したところから、人生が開けていきました。だからあなたも、人生の師を見つけることが大事やと思います。スポーツでも習い事でも、どんな分野でもプロから学べば上達が早い。私も趣味でやっているドラムをプロの人に習ったら、一気に上達しました。

自分にとって一番大事な人生を生きていくには、師匠が必要です。自分の周囲にいる人の中に、「この人は尊敬できる」と思える人がいたら、「どうしたらいいでしょうか」と相談してみてください。自分が抱える悩みや不安を、その師に相談することで、新たな道が開けることもあります。師をつくるためには勇気も必要です。

もし師と仰ぐにふさわしい人が身近にいないなら、本を読むのでもいいのです。とにかくひとりで悩んでいてはダメ。尊敬できる師を見つける。これが一番大事なことやと思います。

誰を師にしようかと慎重になりすぎる必要はありません。一度相談してみて違うなと思ったら、別の人を探せばいいのです。誰かに相談するだけで、頭の中が整理され、自分で答えを出せることもあります。

と同時に、人の役に立つのは「仕事」でなくてもいいのです。ボランティアでも何らかの活動でも、社会のお役に立てれば、それはそれで素晴らしいと思います。

Q

上層部が売上ノルマのことしか言わない

会社の経営陣や上司から、毎月、無理な売上ノルマを課せられています。しかたなくお客様に必要のないものまで売っていますが、そんな仕事に嫌気がさしています。会社に見切りをつけるべきかどうか迷っています。

A

そんな会社に未来はない、見切りをつけて

悪いことは言いません、早く見切りをつけて、他の会社に行ったほうがいいです。はっきり言って、そんな会社に未来はありません。

あなたの会社の考え方は、根本的に間違っています。この本でも伝えてきた「品性資本」とは真逆です。あなたがもし、自分を高めていきたいのなら、一刻も早くその環境から離れることをお勧めします。

この頃よく、携帯電話のショップ店員がお年寄りに無用なオプションをたくさんつけたとか、銀行がろくに説明もせずに金融商品を売りつけたといったニュースを耳にします。そういう会社は存続できないのが天地自然の法則。いずれ滅びる運命です。

日本の経済が低落の一途を辿ってきたので、今はお客さんより自分の利益を優先する会社が増えているのかもしれません。しかしどんな時代でも、どのような業種業界でも、お客様のお役に立ちたいという心持ちがないとダメです。

ご質問を見る限り、あなたにはまだ迷いがあるようですが、もしその会社で、もう少し頑張ろうと思っているのなら、経営層や上司に対して、意見せなあかんと思います。自分は会社の考え方とは違うということを伝えて、あなたが思うようなやり方を提案してはどうでしょうか。

それでも理解してもらえなければ、きっぱりと辞めましょう。他にいい会社はいくらでもあります。未来のない会社にしがみついていても、しゃあないです。

Q できの悪い部下にどこまで我慢すればいいのか

「人を大切にする」という理念はよくわかりますが、現実には、ちっとも成長しない部下や、クビにしたいような社員もいます。

それでも、辛抱強く彼らを育てるべきでしょうか？

A どんな社員でも見放すべきではない

結論から言いますと、どんな社員だろうと大事に育てていくべきです。

確かに会社にはなかなか成長しない部下や、失敗の多い社員はいます。

「262の法則」をごぞんじですか。最初の2割は会社のことを真剣に考えて一生懸命に働いてくれる社員。中間の6割は普通に働く社員。最後の2割は会社にとって不要だと思うような社員。組織というのは、だいたい2・6・2の構成になります。そしてその比率は不思議と変わりません。

もし、最後の2割にいる社員を一人辞めさせたとしても、なぜか同じような人が一人増えるだけなのです。逆に、社員全員を一線級にレベルアップしようとしても無理です。会社全体を底上げすることはできても、この構成比は不思議と変わらないのです。

会社は公器です。言ってみれば、学校のようなものです。学校は、生徒に対して、おまえは成績が悪いから明日から来るなとは言いませんね。成績に関係なく、みんなに勉強を教えますやん。それと同じで、会社というのは、どんな社員であっても、その人の幸せを願って、人としてのあり方から仕事のやり方まで指導する姿勢を持っていなくてはいかんと思いますよ。

さらに言えば、できの悪い人ほどわが子だと思って指導せなあかんでしょう。そうやって接していても、本人が「この会社は自分に合わない」と思えば、自分から辞めていきます。こちらから見切ったり、放り出したりするのはよくないということです。

とはいっても会社ですから、よく働く人と、そうでない人を「区別」することは必要です。大事なポジションには相応の能力を持つ人を配置する必要があるし、そこは平等というわけにはいきません。しかし、うちでは「人を育てる会社」と謳っていますから、どんな社員だろうと見放すことはしません。

昨今、企業の目的は「利益を上げて、それを株主に還元すること」と考える人が増えています。その価値観だと、〝できない社員〟は厄介者だと思って切りたくなるでしょう。しかし、道経一体の経営では、「世の中のためになる人をつくる」のが究極の目的で、企業はそのための公器だと考えます。であれば、〝できない社員〟こそ育てがいがあるというものです。

「人づくり」については、この本でも繰り返し述べてきましたが、最後に、廣池博士のエピソードを紹介しておきましょう。廣池博士は１９３４（昭和９）年に、十川ゴムという会社の創業者にこう指導したそうです。

「物をつくる工場ではつまらないなぁ。そんなのは世間にザラにある。事業を通じて社会に貢献できるような、立派な人間をつくる工場でないといけない。経営者としての使命というのは、物をつくり物を売って金を儲けるということではなく、人間をつくることである」。

そして廣池博士は、「事業誠を悉《つ》くし救済を念となす」という格言を残しました。「事業誠を悉くし」とは、自社の事業が社会の発展に役立つように全力を尽くすこと。「救済」とは、感謝の心をもって社会に貢献できる人を育てること。

部下に対して、「なぜこんなこともできないんだ?」とイライラすることは誰にでもあります。でもそんなときこそ、廣池博士の言葉を思い出してみてください。

Q 自分が経営者に向いているのか不安

起業には関心がありますが、自分が経営者の器かどうか、確信が持てません。経営に向いている人とそうでない人との違いを教えてください。

A 経営者に必要なのは適性でなく「覚悟」

経営者に向いているかどうかなんて、実際にやってみないとわからんもんです。どれだけ本を読んでも、ネットで調べても、やってみないことにはわかりません。ただ、ひとつだけ絶対に必要なものがあります。それは覚悟です。

経営者には社員を幸せにする責任があります。自分のことだけ考えているようでは務まりません。たとえ一人でも社員を雇えば組織となり、その人たちを幸せにする責任を負うわけです。経営者に向いているかどうかを知るには、その責任を負う覚悟があるかどうか、それだけです。

ひとつ例をあげましょう。

ある会社の専務が、社長から「おまえ、すまんけどワシも歳いったし、社長になってくれへんか」と頼まれたとします。そのときに、

「俺はナンバー2でいいわ。社長になったら社員のことやらみな面倒みないかんし、社長になるのはしんどいわ」

と考えるようなら、それは覚悟がない人です。一方、

「社長がそう言ってくれるんやったら、社長への恩返しもあるし、俺も社長になって社員を幸せにするために一生懸命やったろか」

と考える人は、覚悟のある人です。

つまり覚悟というのは、すべての責任を恐れずに受け入れる心のことです。覚悟がない人は、その重責から逃れようとしますが、覚悟がある人は、それを受け入れて全力で挑戦しようと考えます。この覚悟が経営者には絶対に必要なのです。

「社長って給料よさそうやから、やってみようかな」とか「この商売は儲かりそうやし、会社やってみようか」という程度のええ加減な気持ちでは、断言しますが、会社はやっていけません。儲けることがうまい人や、何かのスキルが高い人が経営者になったら、いっときは儲かるかもしれんですよ。でもそれだけでは、絶対に長続きしません。

ただそうはいっても、誰だってスタートのときは初心者。みんなが人望や品性や信用を持ち合わせているはずもありません。経営者は、事業をはじめてからが修行です。神様は自分で乗り越えられない困難は与えません。努力して試練を乗り越えながら、人間を磨いていけばいいのです。

おわりに

メッキ工場で汗をかきながら働いていた頃は、ホテル経営など想像もできませんでした。それでも人生というのは、その気になれば案外変えられるものです。

父から譲り受けた工場に見切りをつけたのは、接客業やサービス業に憧れる気持ちが燻《くすぶ》っていたからやと思います。しかしそれだけではありません。自分の会社に明るい未来が描けなかったことも大きな要因でした。社会や時代の変化という壁にぶち当たったとき、社員を抱える経営者の苦悩がどれほどのものか、経営者でなければわからないでしょう。

父がこの世を去ったとき、親孝行は生涯続くんやと思って一生懸命、家業を続けていました。しかし暖簾を継ぐというのは、家業を変えないことではありません。むしろ何百年と続く会社はどこも、ある時代に大きく事業を変えているものです。暖簾を守るということは、精神を受け継ぐことやという思いもあったのです。

デジタル化に人工知能（ＡＩ）、グローバル化と、ビジネスの環境が大きく変化し続ける現代。さらには世界で勃発する紛争、新型コロナウイルスのようなパンデミック、大規模な自然災害などが、頻繁に経営を脅かします。

環境は常に変化し、企業側は適応を求められます。本業を見直し、無縁だった分野にも乗り出していかざるをえません。こうした変化の時代だからこそ、私の挑戦の軌跡がみなさんの参考になれば幸いです。


企業経営は簡単ではありませんが、人間はいくつになっても挑戦できるということは、自信を持って言いたいところです。特にお伝えしたかったのは、私たちが住む日本には長い歴史の中で確立された、素晴らしい経営哲学が存在することです。この本で何度も触れたとおり、渋沢栄一の「論語と算盤」や、モラロジー創設者である廣池博士が提唱した「道経一体」「三方よし」、そして「品性資本」。これらは世界の模範となる立派な経営理論です。この変化の時代に、日本が育んできた経営哲学を学んでほしいのです。この本のタイトルである「儲けと品性」も、先人の哲学と同じことを意味しています。

私はたまたま、横で伴走してくれる師に恵まれました。精神的な支柱があってこそ、今の自分があります。そこで教えられたのは、事業というのは最終的に人様のためにならなければいかんということでした。利他の気持ちがなければ、事業にはなりません。人は誰のために働くのか。日本の先人はこうした経営理論の中ではっきりと伝えてくれているのです。

ウズベキスタンとの新たなプロジェクト

２０２２年に私は社長の座を長男に譲りましたが、経営から身を引いたわけではありません。人から「ありがとう」と言ってもらうのが私の最大の喜びやから、生きている限り人のお役に立ちたい。

そんな私に今、ウズベキスタンという国が、人生の新しい扉を開けてくれようとしています。

２０２４年が明けて間もない１月４日、私は東京のウズベキスタン大使館を訪れました。駐日大使のお招きを受け、日本とウズベキスタンの経済・文化交流についてお話をさせてもらいました。

ウズベキスタンは中央アジアに位置する国で、かつては旧ソビエト連邦に連なっていました。この国が今、30年前の日本を思わせるような経済発展を遂げています。そして今後は日本のように観光立国を目指しているそうです。

そうなると必要なのが、世界の人を受け入れられる宿泊施設です。ということでウズベキスタンの首都、タシケントでは、ホテルをつくる計画が進んでいるんですね。しかし彼らには、観光業のノウハウがありません。そこで「おもてなしの国」として知られる日本のホテルに、接客をはじめ観光業の指導をしてもらいたいと、お声がけをいただいたのでした。最初は大手のホテルチェーンに声をかけたそうですが、大手は稟議稟議で時間がかかって進まへんということで、うちに白羽の矢が立ったのです。

しかし私たちには海外での事業経験がありませんから、すぐ現地にホテルをつくって運営するというわけにはいきません。そこでまずは人の教育面で協力するという方向で話が進んでいます。まだまだ越えなければならないハードルがたくさんあり、正式に決まったわけではありませんが、もしこれが実現すれば、当社が日本とウズベキスタンの架け橋になれるかもしれません。72歳になってまた新しい挑戦ができそうやと、わくわくしているところです。

初の海外進出が、日本に近い韓国や台湾ではなく、中国やシンガポールでもなく、なんでいきなりウズベキスタンなんやと不思議に思う人も多いことでしょう。じつを言うと、不動産投資の一環で、タシケントのテナントビルの1フロアを買い、賃貸に出す準備中なのです。2022年にタシケントを訪れた際、中央アジアで一番高い50階建てのテナントビル「ネストワン」の46階1フロア（300㎡）がまだ買えることがわかりました。最上階は大統領の所有だといいます。おもしろそうやし、成長が見込めると思って契約しました。そういうご縁があって、ホテル事業の話と繋がったのです。私も2回、ウズベキスタンに行って、政府の方々にもお会いしました。

ウズベキスタンは、親日国として知られていて、現地の人たちは日本に対して敬意と親しみを持っています。

タシケントにナボイ劇場という古いオペラハウスがあります。この劇場は第二次世界大戦が終わった直後の１９４７年に完成したもので、当時のソ連の中でも屈指の劇場と称されていました。１９６６年4月にタシケントで発生した大地震で倒壊しなかった建物としても知られています。じつは、ナボイ劇場の建設工事に携わったのが、ウズベキスタンに抑留された数百人の日本人捕虜だったそうです。終戦間際に満州でソ連に抑留された何十万人という日本人捕虜の大半はシベリアに送られましたが、ウズベキスタンにも2万５１１０人余りが送り込まれていたのです。そのうち９７６０人余りが、ナボイ劇場や道路、運河、住宅などタシケントの都市建設に貢献しました。

日本人抑留者は強制的に労働させられていたにもかかわらず、まじめに懸命に建設工事に従事したといいます。そして日本人ならではの高度な技術を発揮して、ナボイ劇場など立派な建物を完成させたのでした。その仕事ぶりに、地元の人たちばかりではなく、ロシア人も感謝を伝えたそうです。

ナボイ劇場には日本人によって建てられたことを記した碑が設置されており、碑文には日本人への感謝が綴られています。そのような歴史的な背景もあって、ウズベキスタンは親日国なのです。私たちがタシケントに行ったときも、地元の人たちが「ヤポン、ヤポン」（日本人、の意）と親しげに寄ってきてくれました。

そんなふうに日本人に信頼と尊敬を示してくれてきた国やと思えば、貢献したいと思いますやろ。それで私も、この国に日本式のおもてなしをお伝えしたいと、協力する意向を決めたんです。私にとってこのプロジェクトは単なるビジネスではなく、ウズベキスタンと日本の交流の架け橋になりたいとの思いで臨んでいます。

すべての条件が整ったあかつきには、京都プラザホテルズとして、正式に現地ホテルを運営する可能性もありますが、まずは人材育成で協力をしようと動き出しました。

私の夢と冒険は現在進行形です。

「徳の継承」の一助として

ナボイ劇場の話を聞いて、ほんまに日本人はすごいなぁと改めて思いました。かつての日本は、こんな立派な人を育てる教育を実践していたのです。

小さな島国が、終戦の焼け野原から奇跡の復興を果たし、長く経済大国であり続けてきたのは、ひとえに日本の教育によって受け継がれた精神性によるものやと思います。「会社は公器」と提言した松下幸之助さんや、仕事を通じて「魂を磨く」と言った稲盛和夫さん他、多数の偉大な経営者の方々が、その考えにいきつくまでに学んでおられた日本人の品性を忘れてはいけません。この本では、そのことをお伝えするのもひとつの目的でした。それはまさに日本人としての「徳の継承」です。

この本が、2人の息子たちや京都プラザホテルズのスタッフはもちろん、日本の経営者のみなさん、働くすべての方々のお役に立てれば幸甚です。

株式会社 京都プラザホテルズ 代表取締役会長　清水幸雄

（上段）東京のウズベキスタン大使館にて（下段左）ウズベキスタンで出会った現地の女の子たちと（下段右）ウズベキスタン政府と、技能実習生受け入れの調印をかわした

【 画像出典 】

カバー　：杉浦非水『非水創作図案集』より
P19　　：『八丘椿』より
P81　　：神坂雪佳図案集『海路』より
P133　：伊勢辰商店・広瀬菊雄『千代紙集』より
P193　：『非水創作図案集』より

いずれも国立国会図書館「NDL イメージバンク」より加工して作成

清水 幸雄（しみず・ゆきお）

株式会社 京都プラザホテルズ 代表取締役会長。
1951年京都市生まれ。同志社大学卒業後、父が経営するメッキ工場に就職。父の没後に工場を畳み、1996年、ビジネスホテル「京都プラザホテル」を開業する。ホテル未経験で45歳での参入ながら成功をおさめ、現在、京都・大阪・兵庫・広島にビジネスホテル9軒と、和歌山県白浜に温泉旅館「花鳥風月」を経営する。「花鳥風月」は楽天トラベルアワード2023のうち2部門で受賞。2022年、社長を退き現職。

儲けと品性

発行日	2024年5月10日　初版第1刷発行
著者	清水幸雄
構成	大島七々三
デザイン	岡野雅美（Takanashi design）
発行者	小池英彦
発行所	株式会社 扶桑社
	〒105-8070 東京都港区海岸1-2-20　汐留ビルディング
電話	03-5843-8195（編集） 03-5843-8143（メールセンター） www.fusosha.co.jp
DTP	株式会社 Office SASAI
印刷・製本	タイヘイ株式会社 印刷事業部

定価はカバーに表示してあります。
造本には十分注意しておりますが、落丁・乱丁（本のページの抜け落ちや順序の間違い）の場合は、小社メールセンター宛にお送りください。送料は小社負担でお取り替えいたします（古書店で購入したものについては、お取り替えできません）。なお、本書のコピー、スキャン、デジタル化等の無断複製は著作権法上の例外を除き禁じられています。本書を代行業者等の第三者に依頼してスキャンやデジタル化することは、たとえ個人や家庭内での利用でも著作権法違反です。

©YUKIO SHIMIZU 2024 Printed in Japan

ISBN978-4-594-09698-4